KB087860

# 왜
# 연산군은
# 폭군이
# 되었을까?

28
역사공화국 한국사법정

교과서 속 역사 이야기, 법정에 서다

# 왜 연산군은 폭군이 되었을까?

글 이한우 | 그림 김경찬

(주)자음과모음

## 책머리에

500년 조선 왕실에는 크게 네 차례의 비정상적 집권이 있었습니다.

첫째는 태종 이방원이 조선을 건국한 태조 이성계를 끌어내리고 결국 자신이 왕위를 차지하기 위해 벌인 두 차례에 걸친 '왕자의 난'이며, 둘째는 수양 대군이 조카 단종을 내쫓아 죽이고 왕위에 오르는 '계유정난'이었습니다. 이 둘은 그냥 왕자의 난이나 계유정난이라 부릅니다.

셋째는 이번 이야기의 주인공인 연산군이 신하들에 의해 왕위에서 쫓겨나고 이복동생 중종이 왕위에 오르게 되는 '중종반정'이며, 넷째는 서인들이 광해군을 내쫓고 인조를 추대한 '인조반정'입니다.

예로부터 이방원이나 수양 대군은 적어도 지식인 사회에서는 논란의 여지가 없는 비판의 대상이었지요. 반면에 그들에 의해 희생된 정도전이나 김종서는 조선의 설계자 내지는 의인(義人)으로까지 추앙되기도 했지요. 현실에서의 패자가 후대 역사에서는 승자가 된 것입니다.

광해군의 경우에는 논란의 여지가 있긴 해도 최근 들어 외교적 안목이 높았다는 이유로 재평가의 대상이 되고 있습니다. 게다가 연산군과 비교할 때 '폭군'이라 할 정도는 아니라는 시각과, 오히려 반정(反正) 세력의 권력욕이 더 컸던 것은 아닌가 하는 의심을 낳으며 광해군에 대한 새로운 평가가 진행되고 있습니다.

결국 연산군만 그대로 남아 있는데, 연산군은 신하들에 의해 쫓겨나는 패배를 맛본 것은 물론이거니와 역사적 평가에서도 폭군이라는 비난을 조금도 면치 못하고 있지요. 게다가 몇 년 전, 1,000만 관객을 동원한 영화 〈왕의 남자〉에서도 연산군은 폭군을 넘어서서 미친 임금, 즉 광군(狂君)으로까지 그려졌지요.

연산군을 변호하는 일은 변호사들이 극악한 살인범이나 악질적인 아동 성폭행범을 변론하는 일만큼이나 어려운 일이 될 수 있습니다. 그것은 학계에서 '정설'이라는 이름으로 연산군이 폭군이라는 낙인에서 벗어날 수 없도록 못질을 해놓아서 재평가를 한다는 것이 쉽지 않기 때문이지요.

하지만 최근 들어 『조선왕조실록』을 직접 읽기 시작하면서 역사 저술가들 사이에서 연산군에 대해 조금씩 다른 의견들이 나오고 있습니다.

필자의 경우에는 설사 반정 세력들이 주도해서 쓴 『연산군일기』가 모두 정확한 사실이라 하더라도 '왜 연산군은 폭군이 될 수밖에 없었는가' 하는 문제는 새롭게 규명될 필요가 있다고 보는 입장입니다.

반면 저자 신동준 씨의 『연산군을 위한 변명』(지식산업사)은 훨씬 강력하게 연산군을 옹호합니다. 그의 주장은 재판 형식의 이번 책에서 연산군 옹호론의 상당한 논점들을 제시하는 근거가 되어 주었지요. 다만 신동준 씨 주장은 『연산군일기』의 조작설에 근거를 두고 있다는 점에서 아쉬움이 있습니다. 조작이 되었다면 다른 증거 자료를 제시해야 하는데 추정과 추론으로만 새로운 연산군의 모습을 그려내고 있기 때문이지요.

필자가 주목하는 부분은 연산군은 날 때부터 임금이 되기 위해 태어난 인물이라는 사실입니다. 대부분의 역사 저술가들은 이 점을 주목하지 않습니다. 그러나 날 때부터 임금이었던 사람이 마침내 왕위에까지 오르게 될 경우는 강력한 왕권을 추구하게 됩니다. 연산군 전까지 조선에는 모두 아홉 명의 임금이 있었지만 태어났을 때 임금이 되기로 예정돼 있었던 임금은 단종에 이어 두 번째 인물이지요. 다시 말해 원자(원손)로 나서 세자가 되었다가 정상적으로 왕위에 오른다는 것이 그만큼 힘들었다는 것을 말해 줍니다. 다른 임금들은 이런저런 정국의 상황으로 인해 왕위에 올랐을 뿐이지요.

그것은 곧 임금으로서의 정통성에 아무런 하자가 없다는 뜻입니다. 단종은 정통성에 하자가 없었으나 나이가 어려 결국 삼촌에 의해 쫓겨나는 비운을 겪었지만 연산군은 성인이 되어 왕위에 올랐습니다. 모든 것이 탄탄대로였지요. 단, 한 가지 어머니 폐비 윤씨의 문제가 그를 가로막고 있었습니다.

이번 재판은 연산군이 반정을 일으킨 세력의 주동자였던 박원종을 상대로 '국가 변란 및 자신에 대한 명예 훼손'을 묻는 형식으로 진행될 것입니다. 재판이라는 형식을 빌리기는 했지만 최대한 사료와 사실에 입각해 논의가 전개되도록 노력했습니다.

이제 역사를 평가자의 입장에서만 보지 말고 행위자, 즉 역사 속 주인공의 입장이 되어 입체적으로 이해하는 데 이 책이 도움이 되기를 바랍니다.

이한우

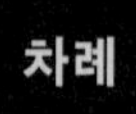

# 차례

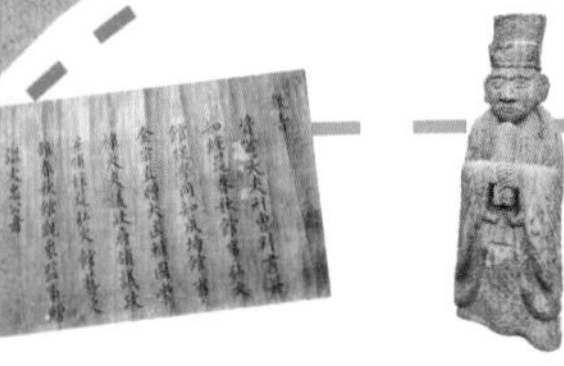

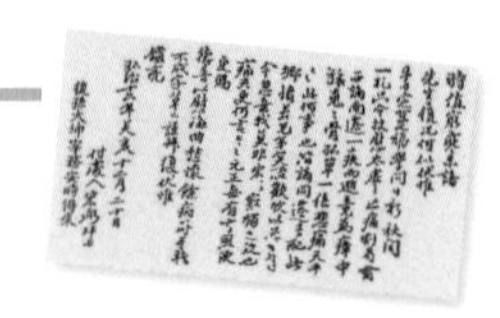

교과서
에는

국가로부터 특혜를 받아 넓은 토지와 많은 노비를 가지고 정치를 주도한 세력을 훈구 세력이라고 한다. 성종은 훈구 세력을 견제하기 위해 새로운 정치 세력을 등용하였는데, 이들이 바로 사림 세력이다. 사림 세력은 지방에 거주하면서 학문과 교육에 힘썼던 길재의 학통을 이어받은 학자들을 말한다.

중학교 역사

V. 조선의 성립과 발전
2. 사림 정치와 성리학 질서의 확립
(1) 사림 세력의 성장

사림 세력을 감싸던 성종이 죽고 연산군이 즉위하자, 훈구 세력은 사림 세력을 공격하였다. 훈구 세력은 김종직이 쓴 '조의제문'이 단종을 추모하고 세조를 비난하는 내용이라고 공격하며 사림 세력을 제거하였는데, 이를 무오사화라고 한다. 이때 사림 세력이 큰 피해를 입었다고 하여 '사화'라고 한다. 그뿐만 아니라 연산군이 자신의 어머니의 죽음과 관련된 사람들을 제거하는 과정에서 사림 세력은 또다시 큰 피해를 입게 되는데, 이를 갑자사화라고 한다.

사림은 성리학의 가르침을 충실하게 적용한 개혁을 추구하였다. 그리고 15세기 말 성종 때 김종직을 필두로 중앙 정치 무대에 본격적으로 진출하였다.

| 고등학교 | 한국사 | II. 고려와 조선의 성립과 발전<br>2. 유교 정치의 이상을 꽃피운 조선<br>(2) 사림, 새로운 정치 세력으로 등장하다 |
| --- | --- | --- |

훈구 세력과 맞선 사림은 삼사에서 언론과 학술을 담당하며 성장해 나갔다. 하지만 사림 세력은 네 차례에 걸친 사화로 큰 타격을 받았다.

## 한국사 연표

| | |
|---|---|
| 1392년 | 조선 건국 |
| 1413년 | 호패법 실시<br>지방 행정 조직(8도) 완성<br>『태조실록』 편찬 |
| 1416년 | 4군 설치 (~1443) |
| 1434년 | 6진 설치 (~1449) |
| 1443년 | 훈민정음 창제 |
| 1467년 | 이시애의 난 |
| 1469년 | 성종 즉위 |
| 1485년 | 『경국대전』 완성 |
| 1494년 | 연산군 즉위 |
| 1498년 | 무오사화 |
| 1504년 | 갑자사화 |
| 1506년 | 중종반정 |
| 1510년 | 삼포 왜란 |
| 1543년 | 백운동 서원 설립 |
| 1592년 | 임진왜란 |

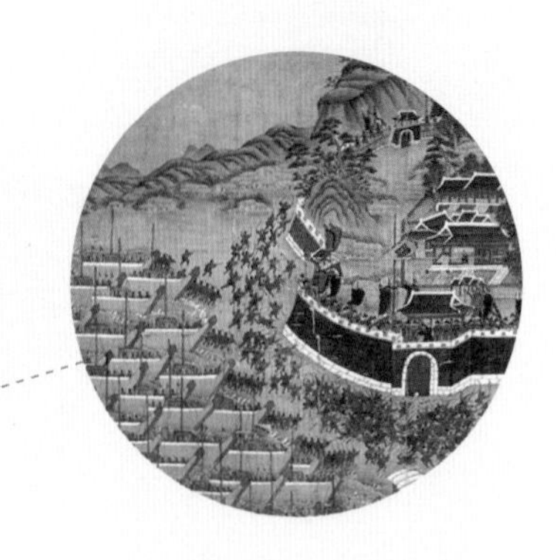

## 세계사 연표

| | |
|---|---|
| 1368년 | 원 멸망, 명 건국 |
| 1405년 | 명, 정화의 남해 원정 (~1443) |
| 1429년 | 잔 다르크, 영국군 격파 |
| 1450년 | 구텐베르크, 활판 인쇄술 시작 |
| 1453년 | 비잔틴 제국 멸망 |
| 1492년 | 콜럼버스, 아메리카 항로 발견 |
| 1498년 | 바스코 다 가마, 인도 항로 발견 |
| 1517년 | 루터의 종교 개혁 |
| 1519년 | 마젤란, 세계 일주 (~1522) |
| 1536년 | 칼뱅의 종교 개혁 |
| 1598년 | 낭트 칙령 발표 |

## 등장인물

원고 **연산군(1476년~1506년, 재위 기간: 1494년~1506년)**

내가 폭정을 휘둘렀다고? 하나만 알고, 둘은 모르는 소리! 조선이 왕권보다 신권이 강한 나라라니, 그것은 어림도 없는 소리요. 나야말로 조선이 신하들의 손아귀에서 놀아나지 않도록 강력한 왕권을 확립했던 군주라오.

원고 측 변호사 **김딴지**

조선의 연산군과 광해군은 모두 반정 세력에 의해 왕의 자리에서 쫓겨난 인물입니다. 그런데 광해군은 '외교의 달인'이라고 평가하는 한편, 연산군에 대해서는 비난만 하더군요. 나, 김딴지가 이번 기회에 확실히 진실을 밝혀 보이겠소!

원고 측 증인 **나박사 (가상의 인물)**

지상 세계에 있을 때, 연산군에 관해 철저히 연구하고 책을 쓴 역사학자이지요. 나는 연산군에 대해 편견 없이 다각도로 연구한 몇 안 되는 학자라고 자부합니다.

원고 측 증인 **노사신**

연산군의 어린 시절부터 집권 초기까지 그를 보필했던 정승 노사신이라 하오. 연산군이 폭군으로 기억되는 것은 참으로 안타까운 일이오. 연산군은 강력한 왕권을 확립해 어머니의 비극이 역사에 던진 소명에 답하려 했던 군주였지요.

원고 측 증인 **유자광**

나는 김종직이 세조의 왕위 찬탈을 비난한 '조의제문'을 연산군에게 고해 '무오사화'를 일으킨 장본인입니다. 연산군의 명예를 되찾는 일이 곧 나의 명예를 회복하는 일이라 여겼고, 그 생각은 지금도 변함없지요!

피고 **박원종(1467년~1510년)**

연산군의 폭정은 말로 다 할 수 없을 정도였소. 조선의 충신으로서 두려움에 떠는 나라를 그냥 두고 볼 수만은 없었소. 그래서 나는 조선을 반석 위에 세우고자 반정을 일으켰고, 연산군을 왕위에서 쫓아냈소이다.

피고 측 변호사 **이대로**

역사적 진실은 쉽게 변하는 것이 아니라고요! 연산군은 조선 역사상 다시 볼 수 없는 폭군임에 틀림없습니다.

피고 측 증인 **성희안**

한때 연산군의 폭정을 비판한 시를 지어 미움을 사는 바람에 무관의 말직으로 좌천을 당한 적이 있지요. 박원종, 유순정과 모의해 연산군을 폐위시킨 것은 정녕 정의로운 일이었소.

피고 측 증인 **신역사 (가상의 인물)**

나는 역사학자로, 연산군과 박원종 중 어느 누구에게도 치우침 없이 무오사화에 얽힌 객관적인 증언을 들려주겠소.

피고 측 증인 **김일손**

연산군은 훈구 세력인 유자광과 손잡고 우리 사림 세력을 무참하게 죽였던 폭군이었소. 내 스승 김종직은 부관참시까지 당했다니까요! 연산군의 가혹했던 정치 행태를 속속들이 증언하겠소.

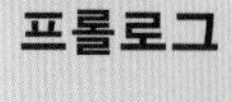

# “나, 연산군은 결코 폭군이 아니오!”

여기는 역사 속 영혼들의 나라 역사공화국.

역사공화국에는 지나간 세계사와 한국사를 통틀어 위대한 활동을 펼친 인물부터 백성의 지탄을 받은 인물들이 옹기종기 모여 살고 있다.

비록 살아서는 누명을 쓰거나 억울한 일에 연루되어 고생을 했더라도 이곳 한국사법정에서 그 업적이 다시 평가된 사람들은 과거에 누리지 못했던 부귀를 마음껏 누릴 수 있다. 반면, 과거에 부귀영화를 누렸더라도 악행을 저질러 많은 이들을 고통에 빠뜨린 사람들은 이곳에서 비난과 천대를 받기도 한다.

그런데 이러한 역사공화국에서도 수많은 사람을 죽인 독재자나 폭군은 사람들의 눈을 피해 두메 산골에 살고 있다. 그곳에서 그들은 일반 사람들과는 일체 왕래를 끊은 채 조용히 살아가고 있다.

로마에서 황제를 했다는 네로, 러시아의 스탈린, 중국의 마오쩌둥(毛澤東)도 두메 산골에 숨어 있다는 소문이 있지만 이들을 직접 봤다는 사람들은 좀처럼 만나기 힘들다. 그만큼 조용히 숨어 지내기 때문이다.

지상 세계의 조선이라는 나라에서 왕을 하다가 쫓겨난 연산군도 줄곧 이런 두메 마을에서 숨어 지내고 있다.

그러던 어느 날, 두메는 아니어도 시골 한적한 곳에서 조용히 살아가던 광해군이 연산군을 불쑥 찾아왔다.

"그동안 잘 지내셨습니까?"

"아니, 광해군 자네가 여긴 웬일인가?"

"적적하기도 하고, 안부도 여쭐 겸해서……. 그런데 혹시 최근 뉴스를 보신 적 있으신가요? 이곳 역사공화국 한국사법정에서는 과거의 역사를 다시 따져 잘잘못을 가려 준다고 하더라고요. 저도 재판을 준비할까 하는데요. 연산군 할아버님께서 먼저 소송을 해야 하지 않을까 해서 건너왔습니다."

"뜬금없이 소송을 하라니?"

"비록 왕의 자리에서 쫓겨나긴 했지만, 최근 들어 지상 세계에서는 저를 '뛰어난 외교 정책을 펼친 임금'이라고 평가하는 사람들도 있다고 합니다. 아, 얼마 전에 들었는데 연산군 할아버님에 대해서도 한국의 어느 작가가 긍정적으로 평가했다고 하더라고요."

"정말인가? 듣던 중 반가운 얘기군. 그렇게 고마운 사람이 있는

가? 그래, 반응은 어땠다던가?"

"근데⋯⋯ 그게 말이죠⋯⋯."

"흠⋯⋯ 반응이 영 신통찮았나 보군. 사람들은 아직도 나에 대한 미움과 원망이 크겠지. 뭐, 나도 잠깐이나마 내가 좀 심했던 부분이 있었다는 생각이 들기도 하네만⋯⋯. 그래도 그렇지! 감히 조선의 왕인 나를 쫓아내다니. 게다가 신하들이 들고일어나서 말이지. 있어서도 안 되고 있을 수도 없는 일이질 않은가!"

"그러니 이번 기회에 법정에서 한번 따져 보시라니까요? 그래서 새로운 평가가 나온다면 이런 오지를 벗어나 가족들과 함께 떳떳하게 역사공화국의 시민으로 살 수 있을 테고 말입니다."

"그래? 이 첩첩산중 오지를 벗어날 수 있다는 말이지? 살아서나 죽어서나 심심산골에서 좋은 공기를 마시고 사는 게 나쁘지는 않지만 나도 사람이 그립기는 하네. 좋아, 그렇다면 한번 해 보겠네. 이번 기회에 다른 사람은 몰라도 반란을 일으킨 내 신하 놈들에게는 죗값을 물어야겠어!"

이렇게 해서 한때 조선의 왕이었으나 왕위에서 쫓겨난 연산군과 반정(反正)을 일으킨 대신 박원종 사이의 역사적인 재판의 서막이 열리게 되었다.

**첩첩산중**
여러 산이 겹치고 겹친 산속을 말하지요.

**심심산골**
깊고 깊은 산골을 이르는 말입니다.

**반정**
옳지 못한 임금을 폐위하고 새 임금을 세워 나라를 바로잡는 일을 이릅니다.

미리 알아두기

# 왕자에서 왕으로, 다시 왕자로

일반적으로 '폭군'으로 알고 있는 연산군은 무오사화, 갑자사화를 일으켜 사림파를 비롯한 문신들을 대거 처형하고 언론 활동을 억압한 인물이었습니다. 하지만 연산군이 처음부터 그랬던 것은 아니었지요.

조선의 제10대 왕인 연산군은 성종의 맏아들로, 어머니는 폐비 윤씨입니다. 연산군이 세자로 책봉될 당시 진성대군(훗날 중종)은 아직 태어나기 전이었고, 폐비되었으나 윤씨는 정식 왕비였기 때문에 연산군의 정통성에는 아무 문제가 없었습니다. 그래서 연산군은 성종의 승하와 동시에 왕위에 올랐지요. 여기까지는 다른 왕자들이 세자가 되었다가 왕이 된 것과 아무런 다른 점이 없습니다. 그러나 연산군은 성종이 새로 맞은 정현왕후 윤씨가 자신의 어머니인 것으로 알고 성장했다는 점이 다르지요.

사실 연산군이 왕위에 올랐을 때 왕권은 강하지 못했습니다. 세조 이후 막강한 힘을 쥐게 된 훈구파와 이 훈구파를 견제하기 위해 성종이 등용한 사림파가 첨예하게 대립하고 있었기 때문입니다. 훈구파와 사림파 사이에서 왕권을 제대로 지키는 것은 정말 힘이 들었을 것입니다. 더군다나 훈구파는 왕권의 절대성은 옹호했지만 이를 빌미로 자신들의 기득권을 유지하고자 하였고, 사림파는 왕권이란 상대적인 것이라고 생각하였지요.

이런 세력 다툼 속에서 1498년 무오사화가 일어납니다. 오랫동안 대립해 온 훈구파와 사림파가 맞붙은 사건이지요. 여기서 연산군은 훈구파의 손을 들어 많은 사림파를 제거하게 됩니다. 이 일로 연산군은 왕권의 위력을 실감하게 됩니다. 그리고 권력을 행사하기 시작하지요.

특히 연산군은 사치스러운 생활로 많은 문제를 일으킨 인물로도 알려져 있습니다. 연산군은 연일 잔치를 벌였고, 사치와 놀이에 수많은 비용을 들였습니다. 당연히 국가의 재정은 바닥이 나고 그 부담은 모두 백성들의 몫이 되었지요. 이런 연산군의 행동에 바른 말을 하는 신하들의 얘기는 귀담아듣지 않고 벌을 내렸습니다. 연산군은 신하들과 대화를 단절했고, 오직 강력하게 왕권을 휘두르며 처벌을 하는 것이 능사라고 생각하였던 것입니다.

그래서 박원종 등은 연산군의 폐위를 모의하고, 반정을 성공시키고 중종을 왕위에 앉힙니다. 결국 연산군은 왕자의 신분으로 떨어져 쓸쓸히 병들어 죽게 되지요.

원고 | 연산군 대리인 | 김딴지 변호사
피고 | 박원종 대리인 | 이대로 변호사

## 청구 내용

성종 임금의 큰아들, 나 연산군은 어릴 때부터 신하들이 아버지를 쉴 새 없이 흔들어 대는 것을 보고 자랐습니다. 그때부터 나는 내가 임금이 되면 반드시 임금과 신하의 윤리를 바로잡으리라 다짐했지요. 1494년, 나 연산군은 열아홉의 어린 나이로 왕위에 오르게 되었습니다. 어릴 때 내 어머니가 비참한 죽음을 맞았다는 것을 알고 있었지만 그것을 빌미로 신하들을 원망할 생각은 추호도 없었습니다. 만약 그랬다면 즉위하자마자 실상을 파헤쳐 처벌을 내렸겠지요.

즉위 초 나는 하루하루를 참고 또 참으며 나날을 보냈습니다. 물론 아버지의 잘못이겠지만 사헌부, 사간원에 이어 집현전의 후신으로 만들어진 홍문관까지 나서서 임금이 하는 일이라면 죽기 살기로 반대하였으니 말이지요. 아버지 성종 임금은 아마도 왕위에 오르는 과정에 흠결이 있었기 때문에 신하들과 적당히 지내려 하셨던 것 같습니다. 그러나 나의 생각은 달랐습니다. 나는 정통성을 갖췄고 임금으로서의 능력도 충분했다고 자부합니다. 초창기 신하들의 반대에도 불구하고 국방이나 내정 개혁을 이루어 낸 것을 보면 알 수 있을 것입니다.

그러나 신하들은 마치 조선이라는 나라가 자신들의 것인 양 행동했습니다. 재위 4년째 되던 해에 무오사화가 일어났습니다. 신하들끼리의 싸움이었는데 젊은 신하들의 하극상을 도저히 그냥 두고 볼 수 없어 혼을 좀 내줬지요. 재위 10년쯤 됐을 때, 나는 사실 조선을 혁신시키려는 꿈을 접었습니다. 나를 좌절시킨 신하들이 원망스러웠고, 더 이상 임금으로서의 지도력을 발휘할 수도 없었지요.

그러면 신하들이 어떻게든 임금을 제대로 보필하려고 노력해야 정상이 아닌가요? 그런데 박원종을 비롯한 흉악한 자들은 은밀하게 모의하여 나를 왕위에서 내쫓았습니다. 당연히 그들의 행위는 반정이 아니라 국가 변란입니다. 그리고 이후 권력을 쥐고서 역사를 마음대로 조작해 나를 천하의 망나니로 만들어 놓았습니다. 이에 나는 잃어버린 나의 명예를 회복코자 이렇게 소장을 제출합니다.

**입증 자료**

- 중학교 역사(상) 교과서
- 고등학교 한국사 교과서

그 외 자료 추후 제출하겠음.

위 청구인 연산군

역사공화국 한국사법정 귀중

재판 첫째 날

# 연산군은 왕의 자격이 부족했을까?

1. 연산군은 성품이 포악했을까?
2. 연산군은 의심이 많았을까?
3. 연산군은 정치를 가혹하게 했을까?

교과 연계

역사
Ⅴ. 조선의 성립과 발전
2. 사림 정치와 성리학 질서의 확립
(1) 사림 세력의 성장

# 1

# 연산군은 성품이 포악했을까?

판사 자, 원고와 피고, 그리고 양측 변호인은 모두 참석하였지요? 지금부터 사건번호 '한국사법정 28 박원종의 국가 변란 및 연산군에 대한 명예 훼손'에 관한 재판을 시작하겠습니다. 이번 사안은 그 어떤 재판보다도 뜨거운 쟁점을 담고 있습니다. 아마도 양측은 본의 아니게 목소리를 높이고 침착성을 잃을 수도 있을 것입니다. 하지만 그럴수록 법정에서는 오로지 사실에 입각해 논리적인 주장을 해 주시기를 다시 한 번 당부드립니다. 저도 이번 재판의 중요성을 잘 알고 있습니다. 어떤 편견도 없이 양측의 주장과 근거를 열린 마음으로 경청할 것을 먼저 밝혀 둡니다. 그렇기 때문에 방금 당부드린 말씀과 사전 경고를 어길 시에는 어느 쪽이건 상관없이 불이익을 주도록 하겠습니다.

재판이 시작되기도 전, 판사의 엄포에 원고와 피고를 비롯한 양측 변호인, 그리고 방청객과 배심원들도 일제히 조용해졌다.

**폭정**
나라를 사납고 악하게 다스리는 것을 말하지요.

"정역사 판사가 오늘은 마음을 단단히 먹었나 보군."

"그러게. 폭군이라고 소문난 원고 연산군도 잠자코 있잖아."

**판사** 먼저 원고 연산군이 왜 이번 소송을 제기하게 되었는지 그 이유부터 들어 봅시다. 원고 측 김딴지 변호인, 말씀해 주세요.

**김딴지 변호사** 네. 존경하는 판사님, 혹시 인터넷에서 '연산군'을 검색해 보신 적이 있습니까? 그러면 아마도 제일 먼저 '폭군(暴君)'이라는 단어가 떠오를 것입니다. '폭군'이란 사전적으로 말하면 사납고 악한 임금입니다. 또 폭정(暴政)을 일삼은 임금이기도 합니다. 과연 원고 연산군이 폭군이었는지 아닌지를 떠나서 이미 우리 역사는 연산군을 '폭군'으로 낙인찍었습니다. 역사책에서는 말할 것도 없고 소설이나 드라마, 영화에서 연산군은 한 치의 의심도 없이 일관되게 폭군으로 그려지고 있습니다.

하지만 연산군과 비슷하게 반란으로 1623년에 왕위에서 쫓겨난 광해군은 세월이 지난 지금, 후대 사람들에게 긍정적으로 평가받는 것은 물론이거니와 '외교의 달인'이라는 평가까지 받고 있습니다. 그런데 원고 연산군은 어떻습니까? 단 한 번도 새로운 평가는 받지 못한 채 왕위에서 쫓겨나야 마땅할 폭군으로 묘사되고 있습니다. 존경하는 판사님, 혹시 연산군이 자신의 왕명을 거역하는 신하들이 아니

나는 이 나라의 왕이니라!
천하에 둘도
없는 망나니 임금
같으니라고!

라 백성에게 무도한 짓을 했다는 이야기를 들어 보셨나요?

이대로 변호사 판사님, 지금 원고 측 변호인은 판사님을 상대로 유도 질문을 하고 있습니다.

판사 참고하겠습니다. 원고 측 변호인은 소송을 제기한 목적에 대해서만 발언해 주실 것을 당부드립니다. 그리고 짧은 역사 지식으로 말씀드리는데, 연산군이 백성에게 무도한 짓을 했다는 구체적인 얘기는 잘 모르지만, 그렇다고 연산군이 백성을 위해 일한 성군이었다는 사례도 들은 적이 없습니다.

김딴지 변호사 흠……. 피고 박원종은 자신의 주군이었던 연산군을 상대로 반란을 일으킨 자입니다. 반란이 성공한 뒤, 박원종과 그 무리들은 자신들의 권력욕을 숨기고 자신들의 그릇된 처사를 정당화하기 위해 역사를 거짓으로 꾸몄습니다. 이것은 동서고금 어디서나 반란을 일으킨 자들이 행하는 뻔한 일이기도 합니다. 그래서 원고는 박원종 무리에 의해 천하에 다시없을 폭군이 되고 만 것입니다. 이에 원고는 지금이라도 사실을 따져 왜곡된 자신에 대한 평가를 바꾸고 훼손된 명예를 되찾고자 소송을 제기한 것입니다.

판사 잘 알았습니다. 그런데 피고 박원종이 역사를 꾸며 냈다는 말인가요?

김딴지 변호사 물론입니다. 연산군에 대해 왕위를 지키지 못한 무능한 임금이라고 비판한다면 그것은 기꺼이 받아들일 수 있습니다. 그런데 역사 왜곡이라는 후안무치한 행위를 저지른 박원종 일당은 꿈에도 용서할 수 없습니다.

**무도**
말이나 행동이 인간으로서 지켜야 할 도리에 어긋나고 막돼먹은 상태를 이르는 말입니다.

**후안무치**
부끄러움이 없이 뻔뻔한 태도를 말합니다.

**정란**
나라가 처한 위태로운 상황을 평정하는 것을 말합니다.

**이대로 변호사** 판사님, 지금 원고 측 변호인은 아직 확정되지도 않은 사실을 마치 진실인 양 떠들고 있습니다. 피고 박원종이 역사를 왜곡했는지, 안 했는지는 이번 재판을 통해 다뤄야 할 문제인데, 원고 측 변호인은 이를 사실로 단정 짓고 있습니다. 이 점을 바로잡아 주시길 먼저 부탁드립니다. 그리고 한 가지 덧붙여 원고 측 변호인은 피고를 향해 '일당'이라는 표현을 사용했습니다. 이는 재판 서두에 판사님께서 경고하신 인신공격이기 때문에 즉각 주의를 주시기를 부탁드립니다.

**판사** 일리가 있습니다. 원고 측 변호인은 사실과 논리만을 이야기하시고 인신공격은 자제해 줄 것을 당부드립니다. 원고 측 변호인, 아시겠지요? 계속하세요.

**김딴지 변호사** 이거야 원…… 재판 시작부터 딴죽을 거는 사람이 왜 이리 많은 거야? 잘 알겠습니다. 하지만 피고 박원종의 국가 변란은 재론의 여지가 없다고 봅니다. 아마도 그의 행위를 정당화해 줄 수 있는 이야기는 '성공하면 영웅, 실패하면 반역자', '성공한 쿠데타는 혁명이다'라는 말도 안 되는 주장밖에 없을 것입니다. 하지만 만일 박원종의 반란이 반정이라고 해서 계속 미화된다면 태종이나 세조의 정란(靖亂)은 더욱 정당성을 갖게 될 것입니다. 왜냐하면 박원종은 신하가 임금을 내쫓은 것이지만 태종이나 세조가 왕위를 차지한 것은 그나마 왕실의 형제, 삼촌이 일으킨 것 아니겠습니까!

**이대로 변호사** 판사님, 지금 원고 측 변호인은 궤변을 늘어놓고 있습니다.

**판사** 잠깐만요. 양측 변호인 모두가 재판 시작부터 좀 흥분하신 것 같군요. 다들 진정하시고, 재판을 진행해 주세요.

**이대로 변호사** 죄송합니다. 원고 측 변호인이 하도 엉뚱한 소리를 하기에 흥분해서 그만……, 조심하겠습니다. 오늘날의 민주정과 달리 군주제에서는 왕위에 있는 임금이 얼마나 신하와 백성의 지지를 이끌어 낼 수 있는 정치를 하느냐에 따라 오래도록 왕좌에 머무르기도 하고 쫓겨나기도 하며, 심지어 왕조가 바뀌기도 합니다. 물론 그때마다 상황이 복잡하기 때문에 이런저런 논란이 있을 수 있다는 점은 인정합니다. 그럼에도 불구하고 왕실 사람이 하면 괜찮고, 신하가 하면 안 된다는 식의 논리는 그 시대에서조차 널리 인정받지 못하는 근거 없는 주장에 불과합니다.

**민주정**
국민이 권력을 가지고 스스로 행사하는 제도로 기본적 인권, 자유권, 평등권, 다수결의 원리, 법치주의 따위를 기본 원리로 하는 정치 형태입니다. 그리스의 아테네에서 비롯되었습니다.

**군주제**
한 사람이 최고 권력을 가진 정치 제도로 군주라고 하는 원수(元首)가 통치합니다.

**판사** 이에 대해 원고 측 변호인은 할 말이 없나요?

**김딴지 변호사** 일단 그 문제는 폭군의 기준과도 연결돼 있어 복잡하기 때문에 뒤에 논의하는 게 좋을 듯합니다. 우선 먼저 살펴볼 것은 우리가 '명백한 사실'로 받아들이고 있는 『연산군일기』와 『중종실록』에서 연산군에 관한 기록이 그다지 신빙성이 높지 않다는 점입니다. 그렇다고 실록의 모든 내용을 부정한다는 것은 아닙니다. 다만 이 두 실록은 어쩔 수 없이 '연산군'에 관해서만은 심한 과장과 왜곡을 보이고 있다는 점은 분명합니다. 우선 이와 관련된 쟁점을 짚어 보는 것이 재판을 풀어 가는 출발점이라고 봅니다.

**인지상정**
사람이면 누구나 가지는 보통의 마음을 말합니다.

판사 피고 측 변호인도 이에 동의합니까?

이대로 변호사 『연산군일기』와 『중종실록』을 미리부터 과장과 왜곡이라고 단정하지 않고 하나하나 짚어 가면서 어떤 것이 사실이고 또 왜곡인지, 과연 정상적인 평가는 무엇이고, 또 과장된 평가는 어떤 것인지를 가리는 일이라면 저희 측도 반대할 이유는 없습니다.

판사 됐습니다. 그러면 먼저 원고 측 변호인, 첫 번째 쟁점을 제기해 주시지요.

김딴지 변호사 존경하는 판사님, 저는 지금 연산군이라는 조선의 한 임금을 변호하기 위해 서 있지만 동시에 역사의 진실을 변호해야 하는 큰 과제 앞에 서 있습니다. '역사란 무엇인가?'라는 거창한 질문이 저에게 너무나도 절실하고 구체적인 질문으로 다가와 있습니다.

역사를 기록할 때 기록하는 사람의 마음은 공정, 또 공정해야 하고 객관성을 유지해야 합니다. 그런데 왕조의 창업이나 임금을 몰아내는 새 임금을 세우는 등의 큰 사건을 기록할 때, 과연 역사를 기록하는 사관은 공정성과 객관성을 어느 정도나 유지할 수 있을까요?

오히려 평소 때 같으면 객관적으로 국왕의 잘잘못을 따지던 사관들도 왕이 바뀌는 혼란스런 상황을 기록할 때는 무너진 왕조나 쫓겨난 임금에 대해 가혹할 정도의 비판을 가해 왔다는 것은 이미 드러난 사실입니다. 또 어찌 보면 그것이 인지상정(人之常情)인지도 모르겠습니다.

그렇다면 후대의 우리라도 그 같은 변란기의 역사를 살필 때는 아무리 실록의 기록이라 하더라도 좀 더 철저히 분석하고 시대적 상황을 따져 올바른 판단을 내리는 것이 기본이라고 생각합니다.

**치적**
나라를 잘 다스린 공적 또는 정치상의 업적을 이르는 말이지요.

판사 지당한 말씀입니다.

김딴지 변호사 그런데 기이하게도 우리 역사학계는 다른 문제에 대해서는 지나칠 정도로 의견을 달리하며 논쟁을 벌이면서도 오직 원고 연산군에 관해서만은 일관되게 '폭군'이라는 일치된 입장을 보여 왔습니다.

그러다 보니 후대 사람들도 '아, 역사의 전문가들이 저렇게 하나의 통일된 견해를 보이고 있는 것은 역사적 사료 또한 더 이상 논란의 여지가 없기 때문인가 보다'라고 받아들여 대부분 그렇게 생각해 오고 있지요.

판사 그렇다면 『연산군일기』와 『중종실록』에서는 조선의 제10대 임금 연산군을 어떻게 평가하고 있나요?

김딴지 변호사는 관련 자료를 서기에게 제출한 다음 다시 자리에 돌아와 말을 이었다.

김딴지 변호사 중종 4년 9월에 완성한 『연산군일기』는 말 그대로 연산군이 '폭군'임을 입증하기 위한 구체적인 사례들로 채워져 있으며, 연산군을 내쫓고 왕위에 오른 연산군의 이복동생 중종의 치적을 기록한 『중종실록』도 연산군에 대한 평가를 담고 있습니다. 특히 연산군을 내몬 당일인 1506년(중종 1) 9월 2일, 역모를 꾸민 박원종을 비롯한 주도 세력들은 연산군이 쫓겨났어야 하는 '죄목'을 다음과 같이 열거하고 있습니다.

연산군은 성품이 포악하고 의심하기를 좋아하였으며, 정치를 가혹하게 하였다. 주색에 빠져 종묘사직의 제사를 없애고, 쫓겨난 어미를 추숭(追崇)하면서 대신들을 많이 죽였으며, 신하들이 간하는 것을 듣기 싫어하여 언관들을 죽이거나 귀양 보냈고, 서모(庶母)를 때려죽이고, 여러 아우들을 내쫓았다.

**종묘사직**
왕실과 나라를 통틀어 이르는 말이지요.

**추숭**
왕위에 오르지 못하고 죽은 이에게 임금의 칭호를 주던 일을 말하며, 추존이라고도 합니다.

**언관**
조선 시대, 사간원과 사헌부에 속하여 임금의 잘못을 간(諫)하고 백관의 비행을 규탄하던 벼슬아치를 일컫는 말이며, 간관이라고도 합니다.

**서모**
새어머니, 계모를 말합니다.

자료에서 보셨다시피 박원종이 연산군을 왕위에서 내쫓은 첫째 이유로 꼽은 것이 연산군이 천하에 둘도 없는 폭군이었다는 '폭군론'입니다. 즉, 연산군은 포악했다는 것이지요.

물론 연산군이 왕위에서 쫓겨나기 전, 2년 동안의 정치만 놓고 본다면 그의 행동이 다소 포악했다고 할 수 있습니다. 하지만 연산군은 12년 정도 왕위에 있었습니다. 그중 3분의 2, 즉 8년 동안은 평범하거나 왕권 강화를 위해, 그리고 국방력 강화를 위해 애쓴 임금으로 『연산군일기』에서도 묘사되고 있습니다.

**판사** 연산군이 폭군이라는 오명은 재위 말기에 만들어졌다는 말이군요.

**김딴지 변호사** 그렇습니다. 게다가 더욱 중요한 것은 '누가 연산군을 이렇게 포악하게 만들었는가' 하는 점입니다. 신하들은 변함없이 연산군을 잘 모셨는데 그가 혼자 점점 포악해졌다면 그 기간이 길고 짧고를 떠나 연산군을 포악하다고 규정하는 데 반발하지 않습니다. 하지만 유감스럽게도 연산군을 포악하게 만든 장본인들이 다름 아닌 신하들이었다는 점을 저는 이 자리에서 밝히고 싶습니다.

**명군**
나라를 훌륭하게 다스려 이름이 높은 임금을 말합니다.

판사 이 점을 증언해 줄 증인이 있나요?

김딴지 변호사 네. 연산군의 집권 초기부터 오랫동안 연산군을 보필했던 정승 노사신을 증인으로 신청합니다.

판사 받아들입니다. 증인 노사신은 현재 이 자리에 나와 있나요?

방청석에 있던 노사신이 손을 든 다음 증인석으로 나왔다. 선서를 하기 전, 증인 노사신은 먼저 원고석에 앉아 있던 연산군에게 고개를 숙이며 정중하게 인사를 건넸다.

"한국사법정까지 걸음을 해주고, 오랜만이군."

"네, 전하. 이렇게 불러주시니 황송할 따름입니다. 제가 좀 더 오래 살았더라면 전하를 잘 보필해 후대에 길이 남는 명군(明君)으로 추앙받을 수 있었을 텐데요."

연산군은 노사신의 말에 감동을 받은 표정으로 고개를 끄덕였다.

판사 그럼 증인은 자기소개를 해 주시지요.

노사신 나는 원고의 아버지 성종 임금 때 좌의정을 지냈고, 원고 밑에서 잠시 영의정을 지내다가 나이가 들어 벼슬에서 물러났습니다. 1498년 무오사화 때 훈구파이던 윤필상과 유자광이 사료인 '조의제문'을 문제 삼아 사림파를 제거하려 하기에 반대하던 중에 세상을 떠났습니다. 그때가 연산군 재위 4년이었는데 당시만 해도 연산군을 폭군이라 부를 만큼의 면모를 보인 적이 없습니다. 이런 내가 뭘 증언하면 되는지요?

**훈구파**
세조 때 이후, 공신 세력을 중심으로 이루어진 정치 세력으로 대토지를 소유하며 막강한 권력을 행사했습니다. 신진 정치 세력인 사림파에 대비되는 말입니다.

김딴지 변호사　증인은 성종 때 조정 대신으로 있었기 때문에 연산군의 어린 시절 모습에 대해서도 잘 알 뿐 아니라 집권 초기 모습에 대해서도 가장 생생하게 알고 있을 것입니다. 그 점에 대해 증언을 부탁드립니다.

노사신　그런 일이라면 자신 있습니다. 생각만 해도 가슴 아프지요. 어린 시절 연산군은 아버지 성종 임금으로부터 이런저런 구박을 참으로 많이 받았습니다. 사실 지금이야 성종 임금이 성군으로 칭송받고 있지만, 내가 옆에서 지켜본 바로는 성종은 조금은 철이 없는 임금이었지요. 여자도 좋아했고요. 여자를 좋아하는데 그냥 두고 볼 마누라가 어디 있습니까? 그러다 보니 연산군의 어머니 되시는 윤씨도 불만을 품게 되었지요. 그런데 성종은 윤씨가 투기를 한다고 사약을 내렸습니다. 부인을 내쫓는 것으로도 모자라 죽여 버렸다는 게 말이 됩니까? 성종, 참 모질고 철이 없는 임금이었습니다. 그나마 성종 임금이 연산군을 세자 자리에서 내쫓지 않은 게 용할 뿐입니다.

김딴지 변호사　저런, 아무리 임금이라도 부인이 투기를 한다는 이유로 사약을 내린다는 것은 지나치군요. 어린 연산군이 그 사실을 알았다면 원한이 컸겠습니다.

노사신　그렇지요. 그런데 참 재미있는 것이, 성종은 가족들에게는 그렇게 엄하면서도 정작 신하들 눈치는 무척이나 보았습니다. 신하들이 못할 게 없었던 시절이 바로 그때입니다. ▶사간원이나 사헌부가 있는데 또 집현전을 본따 홍문관을 설치해 신권(臣權)이 지나치

**경연**
고려 · 조선 때, 임금이 학문을 연마하고 신하들과 국정을 논의하던 일입니다.

게 비대해진 시대가 바로 성종 때입니다. 나도 신하이지만 신하들이 그렇게 하면 안 되지요. 나라가 망하는 지름길이에요. 왜 그런 줄 아세요? 신하들 권한이 커진다는 것은 신하들이 백성을 수탈할 수 있는 힘이 커진다는 뜻이에요. 마음만 먹으면 백성을 노비로 만들 수 있고, 힘없는 백성의 땅도 마구 빼앗을 수 있고요. 요즘 사람들은 이 점을 모르고 자꾸 신권, 신권 하면서 그게 민주주의인 양 떠드는데 큰 착각이지요.

김딴지 변호사　그렇다면 어린 시절 연산군은 어떠했나요?

노사신　연산군은 어려서부터 머리가 특별히 좋다거나 하지는 않았습니다. 어머니의 죽음을 알고 있었는지는 정확히 모르겠지만 집중력이 없고 산만했습니다. 그렇다고 머리가 나쁘거나 한 것도 아니었습니다. 어린 연산군이 비록 공부하는 머리는 늦게 트였지만, 가끔 조정일에 관해 지나가듯이 툭 던지는 말이 예사롭지 않았던 경우도 많았습니다. 그래서 처음에는 연산군을 걱정하던 신하들도 세자에게 왕자(王者)의 자질이 있으니 조선의 앞날을 너무 염려하지 않아도 될 것이라며 한시름 놓기도 했지요.

내가 곁에서 모셨던 짧은 기간 동안 임금으로서 보여 준 연산군의 모습은 나무랄 데가 없었습니다. 학문을 좀 게을리 해서 경연에 참석하지 않은 것도 실은 신하들의 의도에 말려들지 않겠다는 생각이 강해서 그랬던 것이었고, 혼자 있을 때는 독서를 즐기기도 했습니다.

**교과서에는**

▶ 사헌부, 사간원, 홍문관의 삼사는 정사를 비판하고 관리들의 비리를 감찰하였습니다. 삼사의 언론은 비록 벼슬은 높지 않았으나 학문과 덕망이 높은 사람들이 차지하였으며, 이들의 의견은 왕이라도 함부로 막을 수 없었습니다. 이러한 삼사는 권력의 독점과 부정을 막는 역할을 하였습니다.

증인 노사신의 증언을 듣고 있던 이대로 변호사가 갑자기 손을 들었다.

**이대로 변호사** 증인, 말씀 잘 들었습니다. 판사님! 제가 이어 질문하도록 하겠습니다.

**판사** 원고 측 변호인의 질문이 끝났다면 발언하시지요.

**이대로 변호사** 감사합니다. 그렇다면 증인은 왜 원고 연산군이 말년에 폭군으로 전락했다고 생각하십니까? 혹시라도 어릴 때, 그리고 즉위 초기에 폭군이 될 만한 조짐을 보인 적은 없습니까?

**노사신** 그게…….

**김딴지 변호사** 증인, 억지로 답변하지 않으셔도 됩니다.

**노사신** 지금 와서 생각해 보면 어렸을 때, 어머니를 잃은 외로움 때문일 수도 있고, 학문적 훈련이 깊지 못했기 때문일 수도 있는데……. 연산군은 마음속으로 모든 것을 참아 내는 인내심이 다소 부족한 듯했습니다. 분노를 삭히는 훈련을 배우지 못했다고 할까요. 시대의 큰 흐름 속에서 스스로를 자리매김하고 역사적 운명을 받아들이는 힘을 좀 더 키웠다면 어땠을까 하는 아쉬움은 남습니다.

**이대로 변호사** 혹시 어릴 때 좀 포악하고 그렇지 않았나요? 동물들에게 가혹 행위를 하거나 따르는 자들에게 못된 짓을 한다거나.

**노사신** 그러면 성종이 그냥 두지 않았겠죠. 그렇지 않아도 어릴 때 조금만 잘못하면 "저 아이가 죽은 제 어미를 닮아서 저런다"고 꾸짖어 신하들이 만류한 적도 여러 번 있었습니다.

이대로 변호사　증인 노사신에 대한 신문은 이것으로 마치겠습니다.

판사　이번에는 피고 측 증인을 부를 차례인데, 누가 나와 있나요?

이대로 변호사　원고 측 증인 노사신은 정상의 연산군이 폭군으로 어떻게 변했는지를 설명하기에는 적절치 못합니다. 자신의 눈으로 그런 변화를 지켜보지 못했기 때문입니다. 그래서 이 과정을 모두 지켜보았을 뿐 아니라 피고 박원종과 뜻을 같이해 거사를 했던 문신 성희안을 증인으로 요청합니다.

판사 받아들입니다. 증인 성희안은 현재 이 자리에 나와 있나요?

**난행**
난폭하고 음란한 행동을 이르는 말입니다.

방청석에 있던 성희안이 손을 든 다음 증인석으로 나왔다. 선서를 마친 성희안을 향해 판사가 말했다.

판사 증인은 자신의 이력을 조금 상세하게 소개해 주시기 바랍니다. 피고 박원종과 뜻을 같이한 인물이며, 어떻게 보면 이번 재판의 당사자이기도 하기 때문에 객관성을 잃지 않기 위해서입니다.

성희안 잘 알겠습니다. 나는 연산군의 부왕이신 성종 때는 그다지 높은 지위에 있지 못했습니다. 연산군 때 와서 빠르게 출세를 거듭해 1504년(연산군 10)에 이조 참판에 올랐습니다. 이때는 이미 연산군의 난행(亂行)이 극에 달했을 때였습니다. 그래서 연산군을 올바른 길로 인도하기 위해 망원정에서 함께 유희를 즐길 때 연산군의 행동을 풍자하는 시를 지어 올렸다가 무관의 말직인 부사용으로 좌천되었지요.

이대로 변호사 연산군의 행동을 꼬집는 시를 읊었다는 말인가요?

성희안 그렇습니다. 연산군이 아무리 시를 좋아한다고 해도 내가 오죽했으면 연산군을 바로 눈앞에 두고 풍자시를 다 지었겠습니까? 신하인 내가 보기에도 연산군의 행동은 옳지 못한 점이 많았습니다. 하지만 내가 처음부터 연산군을 인정하지 않고 반란을 꾀한 사람은 아닙니다. 가능하면 바른 길로 인도해 보려고 나름 애썼습니다.

그러나 벼슬에서 물러나서 보니 ▶연산군은 전형적인 폭군의 길을 걷고 있었습니다. 그에게 더 이상 기대할 것이 없더군요. 그래서 박원종의 권유를 받아들이고 유순정을 끌어들여 반정에 나섰고, 결국 연산군을 임금 자리에서 쫓아냈습니다. 내가 결코 사사로이 권력만을 탐해 거사를 일으킨 것이 아니라는 점을 다시 한 번 이 자리에서 말씀드립니다.

**이대로 변호사** 증인은 폭군 연산군에 대해 좀 더 자세한 증언을 해 주시기 바랍니다.

**성희안** 연산군은 재위 9년째 되던 1503년 말, 예조 판서 이세좌가 자신이 준 술을 엎질렀다는 이유로 유배를 보냈다가 결국 이듬해 4월에 죽여 버렸습니다. 그것을 신호탄으로 그가 왕위에서 쫓겨나기 전, 2~3년 동안 보여 준 기기묘묘한 악행과 광란은 말로 다 열거하기 힘들 정도였습니다. 그런데 유감스럽게도 그의 악행은 내가 이조 참판에서 쫓겨난 이후에 일어난 것이라 전해 들은 것이 대부분이고, 내가 직접 눈으로 목격한 것은 얼마 되지 않습니다. 훗날 내가 『연산군일기』의 편찬을 주도하면서 문서로 그 모든 악행을 접할 수 있었지요.

**교과서에는**

▶ 성종의 뒤를 이어 즉위한 연산군은 훈구파와 사림파를 누르고 왕권을 강화하였습니다. 특히 삼사를 중심으로 하는 사림파의 언론 활동을 견제하였고, 이에 따라 두 차례에 걸친 무오사화와 갑자사화가 일어나게 되었습니다. 이후 연산군은 국고를 낭비하고 폭압적인 권력을 휘두르다가 1506년 결국 중종반정으로 물러나고 말았지요.

이때, 김딴지 변호사가 갑자기 끼어들어 질문을 건넸다.

**김딴지 변호사** 증인께 한 가지만 묻겠습니다. 연산군의 그 같은 광란과 악행이 본래 성품이 악해서 그렇다고 보

십니까? 그 무렵 뭔가 정신적인 질병이 생겨 그렇게 되었다고 보십니까?

성희안 그 둘이 무슨 큰 차이라도 있나요?

김딴지 변호사 중요합니다. 솔직한 생각을 말씀해 주시지요.

성희안 연산군이 원래부터 그런 사람은 아니었다고 봅니다. 권력에 도취되어 미쳐 간 것이 아닐까 생각합니다만.

이대로 변호사 증인, 그 부분에 대해 증언할 의무가 없습니다. 지금 원고 측 변호인은 연산군이 원래 폭군의 기질이 있었던 것이 아니라, 짧은 기간 동안 정신병을 앓았다는 것으로 재판을 자신들에게 유리하게 이끌려는 속셈입니다. 증인은 더 이상 증언하지 않으셔도 됩니다.

김딴지 변호사　판사님, 지금 피고 측 변호인은 증인의 증언을 방해하고 있습니다. 더욱이 피고 측 증인은 연산군이 "미쳐 간 것이 아닐까 하고 생각한다"고 말했습니다. 증인의 증언을 좀 더 들을 수 있도록 조치해 주시기를 요청합니다.

성희안　…….

판사　증인은 피고 측의 증인입니다. 피고 측 변호인의 동의가 있어야만 가능합니다. 피고 측 변호인, 동의하시겠습니까?

이대로 변호사　동의할 수 없습니다.

판사　원고 측 요청을 기각합니다. 증인은 증인석에서 내려가 주십시오. 원고 측 변호인은 추가로 말씀하시거나 제출할 자료가 있으십니까? 없으면 다음 쟁점으로 넘어가겠습니다.

김딴지 변호사　잠깐만요, 한 가지 제출할 자료가 있습니다. 앞서 잠깐 언급했지만 『연산군일기』의 편찬 책임자가 바로 증인 성희안이었습니다. 그런데 『연산군일기』 연산군 11년 9월에 이런 대목이 나옵니다.

> 연산군이 몇 년 전부터 미친 병에 들어, 밤에 소리를 지르며 일어나 후원으로 달려가기도 하고, 무당을 불러 기도를 했다. 또한 스스로 무당이 되어 노래를 부르고 춤을 추니, 어머니 폐비 윤씨

의 귀신이 들린 것 같은 증상이 있었고, 여러 번 백악산에 올라가 무당을 불러 기도하였다.

**판사** 연산군이 광기라도 있었다는 말인가요?

**김딴지 변호사** 그렇습니다. 성희안도 연산군이 이미 광란의 행태를 보이기 몇 년 전부터 연산군의 광증이 시작되었다고 기록하고 있습니다. 관련 자료를 재판부에 제출하겠습니다. 이상입니다.

**판사** 흠……, 이 자료는 검토하도록 하겠습니다. 그럼 두 번째 쟁점을 논해 보도록 하지요.

열려라, 지식 창고

## 사림(士林)파는 누구인가?

조선을 건국한 중심 세력은 신진 사대부인데, 이들은 건국 당시부터 두 갈래로 나뉘어 서로 대립하였습니다. 그중 하나가 훈구파인데, 이들은 세조의 집권 이후 형성된 정치 세력으로 주로 넓은 땅을 차지하고 막강한 권력을 행사하였습니다. 당시 대표적인 인물로 정인지, 신숙주, 한명회, 권람, 서거정, 이석형, 강희맹, 이극돈 등을 꼽을 수 있지요. 또 다른 하나는 사림파로 이들은 훈구파가 중앙 집권 체제를 중시했던 것과 달리 향촌의 자치를 내세우며 도덕과 의리를 바탕으로 왕도 정치를 강조하였습니다. 길재의 제자들이 많았는데 김종직, 김굉필, 조광조 등을 말합니다.

그런데 훈구 세력들의 횡포가 날로 심해지자, 성종은 주로 향촌 사회에서 활동하던 김종직을 비롯한 사림파를 등용하였지요. 중앙 정계로 진출한 이들은 주로 삼사의 관리가 되어 훈구 세력을 비판하였습니다.

그러자 훈구파와 사림파 사이의 갈등이 커졌고, 훈구파는 사림파를 정계에서 내쫓으려 하였습니다. 이러한 훈구파와 사림파의 갈등은 연산군 이후 네 차례에 걸쳐 일어난 사화의 원인이 되었습니다.

사화란 선비가 화, 즉 재앙을 당했다는 뜻인데, 연산군 때에는 무오사화와 갑자사화, 중종 때는 기묘사화, 명종 때는 을사사화가 일어났으며, 이로 인해 많은 사림파가 죽거나 유배를 가게 되었답니다.

2

# 연산군은 의심이 많았을까?

**김딴지 변호사** 두 번째 쟁점은 '연산군이 의심이 많았다'는 점입니다. 반란의 무리들은 연산군이 '의심하기를 좋아했다'는 것을 두 번째 죄목으로 지목하였습니다. 우선 이것이 어째서 반란의 이유나 명분이 될 수 있는지 피고 측에 묻고 싶습니다.

**이대로 변호사** 그것은 곧 국왕의 자질과 관련되는 것입니다. 예로부터 "의심스러우면 등용하지 말고, 등용했으면 의심하지 말라"는 이야기가 있습니다. 『논어』에 나오는 이야기이지요.

그런데 연산군은 어떠하였습니까? 늘 신하들을 의심하고, 근거 없이 모략하고, 결국 유배를 보내거나 죽이기까지 하였습니다. 이것이 어찌 죄가 안 된다고 보시는지 오히려 우리가 이해할 수 없습니다.

**김딴지 변호사** 피고 측 변호인은 그동안 사무실에 사람을 두고 일한 적도 없으십니까? 모르는 사람을 직원으로 쓰게 될 경우, 저 사람이 진심으로 나를 위해 일을 하는지, 또 그 사람의 능력은 충분한 것인지, 늘 의심하지 않을 수 없습니다. 의심을 한다는 것은 없는 문제를 만들어 그 사람에게 덮어씌운다는 뜻이 아닙니다. 그것은 모략이지요.

피고 측 변호인이 『논어』를 인용하셨으니 저도 『논어』를 인용하겠습니다. 『논어』「태백」 편에 '전전긍긍(戰戰兢兢)'이라는 말이 나오는데, 이는 매사에 "매우 두려운 듯이 조심하고, 깊은 연못에 임한 것같이 하고, 얇은 얼음을 밟은 것같이 하라"는 뜻입니다. 다시 말하면, 매우 두려운 듯이 조심하라는 말이 바로 '전전긍긍'이지요.

임금은 지도자 중에서도 최고의 지도자입니다. 사람을 쓸 때도 의심을 해야 하지만, 쓰고 난 후에도 늘 '전전긍긍'하는 자세로 그 사람이 충성스러운지, 그리고 능력은 뛰어난지 등을 살펴야 합니다. 물론 정도의 차이는 있겠지만, '의심하려 한다'는 이유가 왕의 자리에서 쫓겨나야 하는 명분이 되는지 아무리 생각해도 이해할 수 없습니다.

**이대로 변호사** 궤변입니다. 뜻만 놓고 보면 '전전긍긍'은 긍정적 의미로 '의심하기를 좋아했다'는 것이니 문제가 안 될 수 있습니다. 그러나 요즘 세상에서 '전전긍긍'이 어떤 의미를 지니는지 원고 측 변호인은 알고 있습니까? 지극히 부정적인 의미를 갖고 있습니다. 속된 말로 '사고 쳐놓고 들킬까 봐 조마조마해 할 때' 바로 '전전긍긍'한다고 하지요.

특히 연산군은 긍정적 의미의 '전전긍긍'을 뜻하는 것이 아니라

'의부증'이나 '의처증'을 말할 때처럼 이유도 없이 신하들을 의심하고 몰아세웠다는 것입니다.

**의부증, 의처증**
타당한 근거 없이 남편의 행실을 지나치게 의심하는 것을 의부증, 아내의 행실을 의심하는 것을 의처증이라 합니다.

**김딴지 변호사** 아, 그런 뜻이었군요. 존경하는 판사님, 지금 피고 측 변호인은 스스로 연산군의 정신 상태가 비정상, 즉 정신병에 가까웠다는 것을 인정하고 있습니다. 이 점 유의해 주시기 바랍니다.

**이대로 변호사** 궤변입니다. 비유하자면 그렇다는 것이지 연산군이 신하를 의심하는 것을 의부증이나 의처증처럼 정신병의 하나로 볼 수는 없습니다. 오히려 연산군의 의심은 본래 성격이 포악한 데서 나온 것이라고 봐야겠지요.

**판사** 양측 주장은 충분히 들었습니다. 두 번째 쟁점과 관련해 추가적인 발언이나 증언이 없으면 다음 주제로 넘어갈까 하는데 양측 모두 동의하십니까?

**양측 변호사** 동의합니다.

## 3

# 연산군은 정치를 가혹하게 했을까?

**판사** 그러면 원고 측 변호인께서 세 번째 쟁점을 말씀해 주시겠습니까?

**김딴지 변호사** 피고 박원종을 비롯한 반란 세력은 연산군이 정치를 가혹하게 펼쳤다고 했습니다. '학정' 혹은 '혹정'이라고 하는데, 이것은 기본적으로 백성들로부터 가혹하게 세금을 빼앗는 것을 말합니다. 가렴주구(苛斂誅求)가 대표적인 경우입니다.

하지만 판사님, 조선 시대 때 학정이나 혹정이 가장 심했던 시절이 언제였을까요? 교과서에 나온 대로 하면 조선 후기입니다. 임금은 아무런 힘이 없고, 신하들이 모든 국정을 좌우했던 시기였습니다. 연산군 때 연산군 개인의 기행(奇行)을 비판하는 이야기는 많았지만, 정작 연산군이 백성에게 어떤 피해를 주었다는 말은 들어 본 적이 없습니다. 기껏해야 궁궐 공사를 위해 백성을 강제적으로 동원했다는 것인데, 이 또한 궁궐 조성이나 확장은 왕조 시대에는 흔히 있던 일이지, 학정의 사례가 될 수는 없습니다.

**가렴주구**
백성에게 조세를 가혹하게 징수하고 착취하는 것입니다.

**기행**
기이한 행동을 말합니다.

**판사** 그렇다면 원고 측 변호인, 이를 객관적으로 증언해 줄 증인이 있나요?

**김딴지 변호사** 물론입니다. 여기서 지상 세계에 있을 때 연산군에 관해 철저히 연구하고 책을 쓴 역사학자 한 분을 증인으로 모시겠습니다. 증인 나박사는 한국에서 역사학을 공부하고 멀리 독일까지 날아가 박사 학위를 받은 인물로 한국의 역사 연구에도 능통하고 외국학계의 학문 동향에도 밝은 인물입니다. 연산군에 대해 편견 없이 다각도로 연구한 몇 안 되는 학자입니다. 중립적이라고 할 수 있지요.

**판사** 받아들입니다. 증인 나박사, 현재 이 자리에 나와 있나요?

방청석에 있던 나박사가 벌떡 일어나 증인석으로 걸어 나왔다. 선서를 마친 나박사를 향해 판사가 말을 건넸다.

**판사** 증인의 이력에 관해서는 방금 소개가 있었으므로 곧장 증인 신문을 시작하겠습니다.

**김딴지 변호사** 증인은 연산군에 관한 연구서를 쓰셨지요?

**나박사** 네.

**김딴지 변호사** 증인은 연산군이나 박원종, 혹은 역사학계의 특정

**안위**
편안함과 위태로움을 아울러 이르는 말입니다.

인과 이해관계가 있습니까?

나박사　없습니다.

김딴지 변호사　그런데 왜 수많은 인물 중에서 연산군을 택하여 연구도 하고 책도 낸 것인지 궁금합니다.

나박사　연산군에 대한 특별한 애정을 갖고서 시작했던 것은 아닙니다. 우연한 기회에 연산군에 관한 자료를 접하게 되었는데, 그 과정에서 연산군이 현실을 파악하는 눈이 예리하다는 것을 알았습니다. 그리고 연산군은 자신이 백성의 안위를 위해 존재한다는 의식을 명확히 갖고 있어 국가를 다스릴 충분한 역량이 있었다는 인상을 받았습니다. 그가 1500년(연산군 6)에 쓴 시를 읽으면서 더욱 그런 느낌이 들었습니다.

판사　시라고요?

나박사　들어 보시지요.

> 백성에게 배고픈 기색이 있음을 깊이 걱정하고
> 윗사람을 업신여기는 풍속을 통한해 하네.
> 때때로 생각하는 것은 그 진실한 충성을 보려 함이며
> 매일같이 생각하는 것은 거짓된 충성을 막으려 함이로다.

김딴지 변호사　이 시를 읽었을 때 증인은 구체적으로 어떤 마음이 드셨나요?

나박사　이 시를 읽는 순간 망치로 뒤통수를 얻어맞은 듯한 충격

을 받았습니다. '아, 이때부터 조선은 왕권이 신권보다 약한 나라로 전락하고 있었구나'라고 말이지요. 이 말은 곧 연산군이 약해져 가던 왕권을 지키려 몸부림치다가 신하들의 연합 세력에 의해 내쫓겼다는 뜻입니다.

이대로 변호사　존경하는 판사님, 지금 증인은 폭정이나 학정과는 무관한 이야기를 하고 있습니다. 증언을 중단시켜 주시기 바랍니다.

판사　받아들입니다. 하지만 나박사의 증언을 통해 연산군이 백

**임진왜란**
선조 때, 1592년부터 1598년까지 두 차례에 걸쳐 왜군이 조선을 침략한 전쟁입니다.

**방증**
사실을 직접적으로 증명하는 증거는 아니지만, 주변의 상황을 밝힘으로써 간접적으로 증명에 도움을 주는 것입니다.

성과 정치에 대해 깊이 고민했다는 점은 엿볼 수 있었습니다. 지금부터 증인 나박사와 원고 측 변호인은 세 번째 쟁점과 관련된 신문만 해 주실 것을 당부드립니다.

나박사 잘 알겠습니다. 결론부터 말씀드리겠습니다. 연산군은 왕권 강화를 추진하다가 실패한 임금일 뿐입니다. 만일 그가 왕권 강화에 성공하고, 다수의 신하들이 그에게 제대로 협조했다면 국방이 강화돼 임진왜란 같은 비극은 사전에 막을 수 있었을 것입니다.

성종 임금의 경우에서 보듯 성리학에 물든 양반들은 자신들의 이익을 위해 그들의 말에 순종한 용렬한 군주를 '성군'이라고 칭했습니다. 따라서 연산군이 폭군이라는 오명을 얻은 것은 오히려 그가 대왕다웠음을 방증해 주는 행위라고 봅니다.

김딴지 변호사 맞습니다. 신하들은 자신의 손아귀를 벗어나 뜻대로 되지 않는 임금이 못마땅했던 것입니다.

나박사 결국 그가 잔혹한 짓을 했던 것은 왕권에 맞서려는 신하들을 향한 것이었을 뿐, 백성을 향한 것은 아니었다는 뜻입니다. 연산군이 백성을 못살게 군 예가 별로 없다 보니 훗날 변란을 일으킨 자들은 역사서를 쓰면서 연산군의 사치를 과장하고 왜곡했습니다. 한 가지 예를 들어 보겠습니다. 『연산군일기』에는 연산군이 경복궁 내 경회루 앞의 연못에 만세(萬歲), 영충(迎忠), 진사(鎭邪)라는 세 개의 섬을 쌓아 놓고 온갖 종류의 꽃과 희귀한 풀들을 심은 다음, 백성의 배를 빼앗아 타고 놀았다고 기록되어 있습니다. 혹시 가 보셨는지 모르지만 경회루의 연못이 프랑스 베르사유 궁의 후원에 있는 연못만 하다면 그럴 수도 있겠지만 경회루 앞 작은 연못에는 세 개의 섬은 커녕 한 개의 섬도 만들 만한 공간이 안 되지요. 한마디도 사실과 맞지 않아요. 역사의 패배자라는 이유만으로 지나치게 가혹한 평가를 받고 왜곡된 희생자가 바로 연산군이라고 할 수 있습니다.

**베르사유 궁**
프랑스 파리의 남서쪽 베르사유 지역에 있는 궁전으로, 루이 14세가 1664년부터 1715년에 걸쳐 완성한 바로크 양식의 건물로 호화롭고 웅장하기로 유명하답니다.

**공과**
공로와 과실을 이르는 말입니다.

**이대로 변호사** 증인은 마치 '왕권 강화는 정의이고, 신권 강화는 불의'인 것처럼 말하고 있습니다. 그렇다면 신하들이 자신들의 권한을 강화하려고 노력하면, 연산군처럼 신하들을 마구 때려죽여도 좋다는 말씀이십니까?

**나박사** 나는 단 한 번도 '왕권 강화는 정의이고, 신권 강화는 불의'라고 말한 적이 없습니다. 다만 옛날이나 오늘날에도 양반들이나 지식인들은 신권 강화는 선이고, 왕권 강화는 악인 것처럼 생각하기 때문에 그런 원칙은 받아들이기 힘들다는 개인적인 생각을 말했을 뿐입니다.

그리고 나는 연산군이 왕위에 오른 뒤, 백성을 다스리던 전체 재임 기간 중에 말기 때의 2~3년만 똑 떼내어 연산군을 '폭군'이라고 비난하는 것은 말이 안 된다고 생각합니다. 그 시절 연산군의 행태를 누가 정당하다고 하겠습니까? 다만 그렇게 될 수밖에 없었던 과정을 충분히 이해하고 연산군의 공과(功過)를 제대로 평가해야 우리가 올바른 교훈을 얻을 수 있다고 생각합니다.

**김딴지 변호사** 증인은 연산군과 광해군을 함께 연구한 적이 있다지요?

나박사　그렇습니다. 나는 연산군을 내쫓은 신하들과 광해군을 내쫓은 신하들을 비교해 본 적이 있습니다. 연산군은 쫓겨난 지 얼마 안 돼 비극적으로 생을 마쳐야 했지만 광해군은 제주도에서 천수를 누리다가 세상을 떠났습니다. 신하들이 임금을 대하는 태도도 광해군 때와 같이 온정을 베푸는 경우가 있고, 연산군 때와 같이 잔혹하게 처리하는 경우가 있지요. 연산군을 내쫓은 신하들이야말로 잔인했다는 비판을 면하기 어려울 것입니다.

김딴지 변호사　증인의 증언을 듣고 있자니, 답답했던 제 속이 다 뚫리는 것 같군요. 말씀 한번 잘해 주셨습니다.

"연산군에 대한 비난이 재임 말기의 고작 2~3년 동안에 있었던 폭정을 두고 나왔다는 말인가?"

"나박사라는 증인의 말에 따르면 그렇다는 거지."

방청객들의 웅성거림을 들은 이대로 변호사는 초조한 듯 황급히 자리에서 일어났다.

이대로 변호사　판사님, 그래도 연산군이 저지른 폭행은 지나쳤다는 말이지요. 그래서…….

판사　피고 측 변호인, 하실 말은 많겠지만, 어느덧 첫 번째 재판의 시간이 모두 지났습니다. 오늘은 이번 재판의 승부를 가르게 될 『연산군일기』 및 『중종실록』의 왜곡 여부와 연산군에 대한 실록 기록의 사실 여부를 놓고 원고와 피고 양측의 의견을 들어 보았습니다. 서로 한 치도 밀리지 않는 팽팽한 공방이 이어졌는데요. 그럼 더욱 자세한 내용은 두 번째 재판에서 살펴보기로 하고, 오늘은 이만 마치도록 하겠습니다.

땅, 땅, 땅!

## 휴정 인터뷰

**다알지 기자**

시청자 여러분, 안녕하세요? 역사공화국 법정 뉴스의 다알지 기자입니다. 오늘 있었던 박원종의 국가 변란 및 연산군에 대한 명예 훼손과 관련한 재판 첫째 날에는 연산군을 옹호하는 정승 노사신과 박원종의 거사 동지 성희안이 증인으로 출석해 연산군의 폭군론 및 난행을 두고서 날선 공방을 벌였습니다. 노사신은 연산군의 말년 행태에는 문제가 있음을 인정하면서도 신하들의 잘못된 보필이 그 같은 파국으로 이끌었다며 연산군을 옹호한 반면, 성희안은 이미 연산군의 난행은 임금으로서 최소한의 선을 넘어선 것이었기 때문에 반정은 정당한 것이었다고 맞섰습니다.

한편, 양측 변호인은 반정 세력들이 거사의 명목으로 제시한 연산군의 포악한 성품, 의심 많은 행태, 폭정 등 세 가지 쟁점을 중심으로 한 치도 물러서지 않는 논쟁을 벌여 재판 과정 내내 법정에는 긴장감이 감돌았습니다. 그럼 지금부터 오늘 증인대에 선 노사신과 성희안을 만나 오늘 재판에 대한 소감을 들어 보도록 하겠습니다.

늦긴 했지만 연산군에 대한 재조명은 반드시, 그리고 제대로 이뤄져야 합니다. 물론 말년의 행각을 직접 보지 못한 한계는 있지만 내가 아는 연산군은 그런 사람이 아닙니다. 그분은 재위 초창기에 이미 어머니의 비극적인 죽음을 소상하게 알고 있었습니다. 그러나 보복을 택하기보다는 왕권 강화를 통해 어머니의 비극이 역사에 던진 소명에 답하려 했습니다. 아마도 그런 노력이 4~5년 동안 이어진 것으로 보입니다. 하지만 신하들은 이미 성종 때 단맛을 보았기 때문에 자신들의 권한을 내려놓으려 하지 않았습니다. 내가 영의정으로 있을 때 이미 홍문관을 중심으로 한 젊은 신하들은 경쟁적으로 왕권을 약화시키기 위한 움직임을 보였으니까요. 이런 큰 맥락에서 연산군을 보아야 왜 그가 말년에 그런 극한적인 선택을 했고, 불행한 종말을 맞게 됐는지를 제대로 알 수 있을 것입니다.

성희안

역사는 흥밋거리가 아닙니다. 이미 연산군은 500년 이상의 시간을 통해 검증되고 또 검증된 역사적 평가를 통해 걸러진 인물입니다. 물론 시대가 바뀌면 기존의 역사관을 재조정하는 일이 불가능하다고 보지는 않습니다. 그러나 연산군은 다르지요. 임금으로서의 자질이 부족한 데다 사사건건 신하들을 의심하고 폭행하고 죽이기를 손바닥 뒤집듯 했던 인물입니다. 나라는 임금의 사유물이 아닙니다. 임금의 난행으로 말미암아 나라의 근본이 흔들리면 신하들이 나설 수 있습니다. 나아가 고려 말 때처럼 난잡한 임금들이 연이어 등장하면 나라를 바꿀 수도 있습니다. 어떤 임금이 왜 폭군이 되었느냐를 살피는 것은 훗날 역사학자들의 몫이고, 당대를 살고 있는 사람들이 폭군을 내쫓는 것은 당연합니다. 연산군을 동정한다고 해서 연산군의 난폭했던 정치가 정당화돼서는 안 되지요.

재판 둘째 날

# 왜 연산군은 무오사화를 일으켰을까?

1. 무오사화는 어떻게 일어났을까?
2. 연산군은 무오사화를 어떻게 활용했을까?

교과 연계

한국사
II. 고려와 조선의 성립과 발전
2. 유교 정치의 이상을 꽃피운 조선
(2) 사림, 새로운 정치 세력으로 등장하다

1

# 무오사화는 어떻게 일어났을까?

**판사** 자, 지금부터 '박원종의 국가 변란 및 연산군에 대한 명예 훼손'에 관한 두 번째 재판을 시작하겠습니다. 오늘은 집권 초기 연산군의 통치 행태를 살필 수 있는 결정적인 사건인 '무오사화(戊午士禍)'를 집중적으로 파헤쳐 보도록 하겠습니다. 이 문제는 아무래도 피고 측에서 원고의 주장에 대해 반박하는 형태로 진행할 것입니다. 피고 측에서 문제를 제기하고 원고 측에서 사안별로 반론을 펼치는 형식으로 하겠습니다. 자, 피고 측 변호인은 쟁점을 제시해 주시기 바랍니다.

**이대로 변호사** 존경하는 판사님, 원고 측에서는 줄곧 연산군의 악행이 주로 재위 말년인 1503년에서 1506년 사이에 일어난 것이라고 주장하고 있습니다. 그 말이 옳다고 하더라도 3년 동안 연산군이 보여 준 악행은 고려와 조선의 그 어떤 임금과도 비교할 수 없을 만큼 충격적이고 악랄했습니다. 그것만으로도 연산군은 왕위에서 쫓겨나야 할 충분한 이유를 보여 주었다고 할 수 있습니다.

**판사** 구체적으로 연산군의 폭정이 어느 정도였나요?

**이대로 변호사** 원고 측에서는 연산군이 원래는 안 그랬는데, 신하들의 불충(不忠)으로 말미암아 포악하게 변했다고 주장하고 있습니다. 어느 시대인들 불충한 신하가 없었겠습니까? 그러나 충성스런 신하와 불충한 신하를 가리는 것은 임금의 몫이자 능력입니다. 자기가 잘못된 신하를 써서 쫓겨났다면 임금 본인의 책임이 아니겠습니까?

바로 이런 맥락에서 우리는 1498년에 김일손 등의 사림이 유자광을 비롯한 훈구파 세력에 화를 당한 '무오사화'가 어떤 사건인지를 자세하게 살펴볼 필요가 있다고 생각합니다. 이에 대해서는 이 분야의 전문가인 신역사 선생님을 증인으로 모셔 이야기를 들어 보는 것이 좋을 듯합니다.

**판사** 받아들입니다. 증인은 현재 이 자리에 나와 있나요?

방청석에 있던 증인이 증인석으로 걸어 나왔다. 선서를 마친 증인 신역사를 향해 판사가 말을 건넸다.

**판사** 증인의 이력에 관해 본인이 간략히 소개해 주시겠습니까?

**신역사** 네. 나는 지상 세계에 있을 때, 국사 관련 국가 기관에서 연구원으로 일하며 성종과 연산군, 그리고 중종 시대에 대한 연구로

박사 학위를 받았습니다.

이대로 변호사　우선 증인은 흔히 역사 시간에 '무오사화'라고 불리는 사건에 대해 개괄적으로 설명해 주시겠습니까?

신역사　알겠습니다. 증언에 앞서 한 가지 말씀드리고 싶은 게 있습니다. 나는 역사적 사실에 관한 증언을 위해 이 자리에 나왔을 뿐 원고 연산군이나 피고 박원종 중 어느 한쪽 편의 증인이 아니라는 점을 분명히 밝히고 싶습니다.

그동안 학계에서 무오사화는 역사와 관련된 사림파의 숙청으로 파악해 왔습니다. 또 연산군보다는 훈구파가 새롭게 등장한 사림파를 견제하려는 과정에서 생겨난 사건으로 보았습니다. 그러나 나의 연구 결과는 조금 다릅니다.

나는 이 사건에 연산군이 좀 더 적극적으로 개입했다고 생각합니다. ▶다시 말해 즉위 후 4년 동안 홍문관, 사헌부, 사간원 삼사의 언론 활동이 계속 강화되자 이에 불만을 갖고 있던 연산군과 대신들이 삼사를 폭력적인 방식으로 제재를 가한 것이 무오사화의 본질이라는 것입니다.

이대로 변호사　단순히 새롭게 등장한 사림파와 기득권 세력이던 훈구파의 다툼이 아니라는 말씀인가요?

신역사　물론 처음 사건이 발발한 과정만 본다면 훈구파와 사림파의 대립으로 볼 수 있습니다. 훈구파의 유자광과 이극돈은 이런저런 이유로 사림파의 스승인 김종직과 그의 제자 김일손에게 원한을 갖고 있었는데 김일손의 '조의

교과서에는

▶ 사림 세력을 정계에 적극적으로 등용하며 그들을 옹호했던 성종이 죽고 연산군이 즉위하자, 훈구 세력은 무오사화 등을 일으켜 사림을 공격하였습니다.

사림파를 그냥
두어서는
안 되겠어!
당장 홍문관, 사간원,
사헌부의 인사들을
잡아들여라!
사간원
홍문관
사헌부

**조상**
남의 죽음에 슬퍼하는 뜻을 드러내어 상주를 위문하는 것을 이릅니다.

**필화 사건**
자신이 쓰거나 발표한 글이 법률적, 사회적으로 문제를 일으키는 일을 말합니다.

제문'이 발견되자 이를 '사화'로 확대시켰기 때문입니다.

이대로 변호사 '조의제문'이란 무엇인가요?

신역사 문신이자 사림 세력의 스승이던 김종직은 항우(項羽)에게 죽은 초나라 회왕(懷王), 즉 의제(義帝)를 조상하는 글을 지었는데, 이 '조의제문'은 세조에게 죽음을 당한 단종을 의제에 비유한 것으로 세조의 왕위 찬탈을 은근히 비난한 글이었습니다. 이를 본 유자광은 내용을 지적하면서 스스로 글귀에 주석을 달아 풀이를 해 연산군에게 아뢰었던 것이지요.

하지만 만일 연산군이 젊은 유학자들이 중심이 된 삼사나 사림파에 대해 긍정적인 시각을 갖고 있었다면 유자광이나 이극돈의 보고를 적당히 무마하고 지나갔을 수도 있습니다. 또 김일손 개인의 필화(筆禍) 사건에 그칠 수도 있었습니다.

이대로 변호사 그런데 왜 연산군은 화를 크게 만든 것이죠?

신역사 연산군은 아버지 성종에 대한 분노가 커져 갈수록 증조부인 세조의 강력한 리더십을 더욱 그리워했습니다. 역사 속의 대표적인 간신으로 불리는 유자광은 연산군의 이런 마음을 꿰뚫어 보고 있었지요. 결국 유자광은 김일손이 스승 김종직을 위해 쓴 제문의 내용이 단순히 스승을 추억하는 것이 아니라 세조를 은근히 비판하는 것이라는 말로 연산군을 설득하는 데 성공한 것입니다. 외형적으로만 보면 유자광이 연산군을 설득한 것이지만, 실은 연산군이 마음속에 품고 있던 생각을 외부로 드러낸 데 불과하다고 봅니다.

그러나 여기서 우리가 주목해야 할 점이 있습니다. 무오사화는 이름은 무시무시하지만 전체 피해 규모가 40여 명이며, 정작 이 사건으로 사형을 당한 인물은 7명에 지나지 않는다는 것입니다. 일반적으로 사화라고 할 때 관련자가 100여 명이 넘고 사형을 당하는 사람도 20여 명에 이른 것에 비하면 비교적 미미하다고 볼 수 있지요. 또한 무오사화는 김종직과 김일손이라는 사제 관계의 제문에서 발생했지만 피해자는 대부분 언관들이었다는 점입니다.

**이대로 변호사** 잘 들었습니다. 그렇다면 무오사화를 처리하는 과정에서 연산군이 폭정을 일으킨 실마리는 찾아볼 수 있을까요?

**김딴지 변호사** 판사님, 지금 피고 측 변호인은 앞으로 다뤄 봐야 실상을 알 수 있는 폭정의 문제를 미리 끌어들여 증인으로 하여금 추측성 대답을 얻어내려 하고 있습니다.

**판사** 받아들입니다. 피고 측 변호인은 사건의 실상을 파헤치는 질문 이외에 다른 질문은 추후에 해 주시기 바랍니다. 증인도 섣불리 판단하지 마시고, 사실에 입각하여 차근차근 답변해 주시기 바랍니다.

**신역사** 네, 그렇게 하지요.

**이대로 변호사** 알겠습니다. 증인이 개괄적으로 설명한 사건의 윤곽은 저도 책에서 보았던 내용들입니다. 이제 좀 더 상세하게 묻도록 하겠습니다. 사건의 최초 발단은 어디서 누가 어떻게 시작한 것입니까?

**신역사** 원래 무오사화는 『성종실록』을 편찬하는 과정에서 시작되었습니다. 연산군은 일찍부터 『성종실록』이 어떻게 편찬될 것인지에 깊은 관심을 갖고 있었습니다. 자신의 어머니에 관한 이야기가 어쩔 수 없이 기록될 것이기 때문에 관심을 가질 수밖에 없는데, 평소 부정적으로 생각했던 삼사 관리들이 실록에 어떻게 기록할 것인지가 큰 관심거리였습니다.

무오사화가 일어나던 1498년(연산군 4)은 『성종실록』 편찬 작업이 마무리 단계에 접어들고 있을 때였습니다. 그래서 연산군은 어떻게 해서든지 이와 관련된 대목을 미리 알고 싶어 했습니다. 다만 신하들의 반대가 거세자, 그 뜻을 꺾은 것이지요.

하지만 연산군은 아버지 성종의 통치 철학에 대한 반감과 어머니에 대한 피 끓는 애틋함으로 그 어느 임금보다 실록을 보려는 의지가 강했습니다. 게다가 연산군은 날 때부터 임금이 될 사람으로 성장해 왔기 때문에 왕권에 대한 의지가 그 누구보다 강했습니다. 신하들의 반대 따위는 얼마든지 제압할 수 있다고 믿었지요.

『성종실록』 편찬 작업이 한창이던 1498년 7월 11일, 연산군은 실록청 당상관들을 불러 사관 김일손의 사초를 가져올 것을 명했지요. 사초란 말 그대로 실록을 쓰기 위해 참고하는 기초 자료들입니다.

**이대로 변호사** 증인, 잠깐만요. 그러니까 연산군은 원칙적으로 금지돼 있는 사초를 직접 보려 했고, 실제로도 보게 되었다는 뜻이군요.

**신역사** 하지만 실제로 보았다는 말은 실상과는 조금 다릅니다. 당상관들이 관련되는 일부 대목을 베껴 써 연산군에게 가져갔지요. 그래서 연산군은 간접적으로나마 실록의 기초인 사초를 본 셈입니다.

**이대로 변호사** 이런! 연산군은 적어도 조선의 임금이라면 지켜야

할 원칙을 스스로 깨뜨린 셈이군요.

**신역사** 그렇다고 볼 수 있습니다.

재판이 연산군에게 불리하게 진행되자 김딴지 변호사가 갑자기 손을 들었다. 판사가 허락하자 자리에서 일어나 증인석으로 다가갔다.

**김딴지 변호사** 증인에게 묻겠습니다. 조선의 임금 중 경미하게나마 사초를 본 임금이 연산군 뿐이었습니까?

신역사　　그렇지는 않습니다. 사실 실록은 태종 임금도 보려 했고, 세종 임금도 보고 싶어 했으니까요. 그리고 여기까지만 놓고 본다면 연산군이 심각하게 원칙을 깨뜨렸다고는 보기 힘듭니다. 실록을 보면 종종 임금들이 간접적으로나마 그 내용을 봤다는 기록이 있으니까요. 문제는 기록을 왜곡하려 할 때 발생하겠지요. 그러나 연산군이 그런 모습을 보인 것은 아니기 때문에 그리 심각하게 비판하기는 곤란하다고 봅니다.

김딴지 변호사　　감사합니다.

판사　　양측 변호인, 더 이상 질문이 없습니까?

양측 변호인　　없습니다.

판사　　그럼 증인은 이제 그만 내려가셔도 됩니다.

김딴지 변호사　　존경하는 판사님, 한국사법정에서 사실을 다루면서 지나치게 학자의 견해에만 의존하는 것은 문제가 있다고 봅니다. 여기서 당시 이 사건과 관련된 인물을 증인으로 모실 것을 제안합니다.

판사　　받아들입니다. 피고 측도 동의하십니까?

이대로 변호사　　네, 좋습니다.

판사　　그럼 증인을 소개해 주시기 바랍니다. 먼저 원고 측에서는 누구를 증인으로 채택하셨습니까?

김딴지 변호사　　우리 측에서는 당시 김일손의 '조의제문'을 원고 연산군에게 귀띔해 준 인물로 역사에 전해지는 유자광을 증인으로 신청합니다.

판사　　피고 측에서는 누구를 증인으로 채택하셨습니까?

이대로 변호사 우리는 무오사화의 최대 피해자인 김일손을 증인으로 모셨습니다.

**사가독서**
조선 시대 때 유능한 젊은 문신들을 뽑아 휴가를 주어 독서당에서 공부하게 하던 일로, 1426년 세종 때에 시작하여 세조 때 없앴다가 1493년 성종 때 다시 실시하였지요.

"드디어 무오사화 때 피바람을 일으킨 유자광과 그 칼끝에 사라진 김일손의 맞대결이 펼쳐지는군."

"그래, 나도 이 순간을 얼마나 기다렸다고."

증인으로 무오사화의 주인공인 유자광과 김일손의 이름이 등장하자 재판정은 또다시 술렁거렸다.

판사 그러면 피고 측 증인 김일손에 대한 신문을 먼저 하도록 하겠습니다. 피고 측 변호인, 신문해 주시겠습니까?

방청석에 앉아 있던 김일손이 증인석으로 걸어 나왔다.

이대로 변호사 젊으신 걸 보니 역사공화국에 올 때 나이가?

김일손 우리 나이로 서른다섯이었습니다.

이대로 변호사 비극적인 죽음을 맞았다고 들었습니다. 도대체 무슨 일이 있었던 것입니까?

김일손 나는 스물셋에 문과에 급제해 중앙 관리의 길에 나섰습니다. 그때만 해도 속된 말로 잘나갔습니다. 핵심 요직을 거쳐 1491년(성종 22)에는 엘리트 중의 엘리트만이 임금으로부터 얻을 수 있는 휴가를 얻어 독서에 전념하는 사가독서를 보냈고, 뒤에 이조 정랑에

**춘추관**
조선 시대 때, 당시의 정치나 행정에 관한 기록을 맡아보던 관청을 말합니다.

올랐습니다. 이조 정랑이 얼마나 중요한 자리인지는 다들 잘 아실 테지요.

이대로 변호사 그런데 증인은 어떻게 무오사화에 연루되신 건가요?

김일손 춘추관에서 사관으로 있을 때, 당시 전라도 관찰사 이극돈의 비리가 극에 달했습니다. 그때 이극돈의 권력이 너무 컸기 때문에 누구도 그의 잘못을 탓하지 못했어요. 그러다 보니 나라가 엉망이었지요. 소위 한 줌도 안 되는 훈구파 세력들이 임금 눈치도 안 보고 자기들 마음대로 나라를 좌지우지했습니다. 그대로 둘 수 없어 이극돈을 비판하는 상소를 올렸지요. 그때부터 이극돈 그자는 '김일손'이라는 말만 들어도 잡아먹으려고 했습니다.

그런데 내가 『성종실록』 편찬에 참여했을 때, 나의 스승이신 김종직이 쓴 '조의제문'을 사초에 포함시켰다가 유자광과 이극돈이 이를 연산군에게 밀고하여 서른다섯의 젊은 나이로 이곳에 오게 되었지요.

이대로 변호사 왜 '조의제문' 때문에 증인은 죽음까지 맞게 되었습니까?

김일손 그게, 이런 자리에서 쉽게 설명할 수 있는 것은 아닙니다만 나의 입장에서 최대한 짧게 말씀드리겠습니다. 내 스승이신 김종직은 세조 때 문과에 장원 급제하여 성종 때까지 벼슬살이를 했지만 늘 마음의 짐이 하나 있었습니다. 다름 아닌 삼촌인 세조에게 왕의 자리를 빼앗기고 죽을 수밖에 없었던 단종에 대한 말할 수 없는 연

민이었습니다.

사실 당시 많은 신하들이 스승님과 비슷한 입장이었습니다. 그러나 세조 때는 말할 것도 없고 성종 때도 세조 때의 신하들인 한명회, 신숙주 등이 권세를 쥐고 흔들었기 때문에 겉으로 드러내어 이를 쉽사리 비판할 수 없었지요.

고심 끝에 스승 김종직은 중국 역사에 빗대어 자신의 마음을 담아내기로 결심했습니다. 그래서 앞서 신역사 증인이 말한 대로 항우에게 죽은 초나라 회왕, 즉 의제를 추모하는 글로 이 같은 마음을 표현

한 것이지요. 그것은 곧 세조에게 억울한 죽음을 당한 단종을 회왕에 비유한 것으로, 세조의 왕위 찬탈을 빗대어 말한 글이었습니다.

이대로 변호사　판사님, '조의제문' 전문은 별도로 재판부에 제출토록 하겠습니다.

판사　알았습니다. 그럼 증인은 증언을 계속하시기 바랍니다.

김일손　그럼 '조의제문'의 일부를 읽어 보겠습니다.

> 정축년(丁丑年) 10월 밀양에서 경산으로 가다가 답계역(踏溪驛)에서 잠을 잤다. 꿈속에 신선이 나타나서 "나는 초나라 회왕(懷王: 의제) 손심인데 서초패왕(西楚霸王: 항우)에게 살해되어 빈강(彬江)에 버려졌다"고 말하고 사라졌다. 잠에서 깨어나 생각해 보니 회왕은 중국 초나라 사람이고, 나는 동이(東夷) 사람으로 거리가 만리(萬里)나 떨어져 있는데 꿈에 나타난 징조는 무엇일까? 역사를 살펴보면 시신을 강물에 버렸다는 기록이 없으니 아마 항우가 사람을 시켜서 회왕을 죽이고 시체를 강물에 버린 것인지 알 수 없는 일이다. 이제야 글을 지어 의제를 조문한다.

나는 이 글을 접하는 순간 스승에 대한 오해를 풀 수 있었습니다. 줄곧 조정에서 벼슬을 하는 스승을 보며 우리 제자들은 '왜 스승은 세조의 난폭한 행동에 울분을 갖지 않는 걸까?' 늘 궁금해 하면서도 선뜻 묻지를 못했지요. 그러나 이 글을 보는 순간 '아, 스승께서 겉으로 드러내지 않으셨을 뿐, 속으로 깊은 고민을 하셨구나' 하고 깨

달았어요.

만일 이런 생각을 했던 사람의 속마음을 기록으로 남겨 두지 않는다면, 후대의 역사가들은 우리 모두가 세조의 그런 행동에 찬성했다고 생각하지 않겠습니까? 그래서 이것을 남기려 했던 것인데 이극돈이 자신의 비리를 역사에 기록으로 남기는 것에 반감을 품고 엉뚱하게 이 문제를 연산군에게 제기해 나를 죽음으로 몰아간 것입니다.

이대로 변호사 그렇다면 증인이 한사코 사초에 포함시키려 했던 이극돈의 비리는 무엇이었습니까?

김일손 이극돈이 전라도 관찰사로 있을 때, 나라에는 정희 대왕대비가 세상을 떠나 상중이었습니다. 그런 시기에 이극돈이 장흥의 관기를 가까이했던 일입니다. 이극돈은 내가 이 사실을 사초에 집어넣으려는 것을 알고서 수단과 방법을 가리지 않고 막으려다가 뜻대로 되지 않자 엉뚱하게 스승의 '조의제문'을 문제 삼았던 것입니다.

이대로 변호사 물론 나라의 큰 어른이 죽었는데 관찰사가 관기를 가까이한다는 것은 문제입니다만, 그것이 꼭 사초에까지 포함되어야 할 만큼 중대한 사안이라고 보십니까?

김일손 아니, 지금 무슨 말씀을 하시는 겁니까? 그것이 중대한 사안이 아니라는 말씀이십니까? 나라의 녹을 먹는 자가 그러한 윤리의식도 없이 공직에 있을 수 있다고 생각하십니까?

이대로 변호사 그런 뜻은 아니고 혹시라도 반대쪽에서 증인 개인의 성품을 문제 삼지 않을까 걱정하여 미리 여쭤 보는 것입니다.

**반감**
반대하거나 반항하는 감정을 말합니다.

**관기**
궁중 또는 관청에 속하여 가무나 기악 따위를 하던 기생을 말합니다.

**녹**
관직에 있던 벼슬아치에게 일 년 또는 계절 단위로 지급하던 금품을 말합니다. 주로 쌀, 보리, 명주, 베, 돈 등으로 녹봉이라고도 합니다.

**김일손** 무슨 뜻인지 알겠습니다. 하지만 나는 이 일이 나와 이극돈 개인의 감정 싸움이 아니라는 점을 분명히 말씀드리겠습니다. 당시 나라의 풍조는 권력과 금력 만능주의가 판을 치고 있었습니다. 세조의 반란에 공을 세운 자들, 그리고 성종의 납득할 수 없는 즉위에 동참했던 자들은 '공신'이라 하여 말할 수 없는 부와 명예, 그리고 권력을 행사했습니다. 그들은 임금을 업신여기는 지경에까지 이르렀습니다. 이극돈은 당시 최대 권력을 차지한 가문인 광주 이씨의 핵심 인물이지요. 나는 그 권력의 심장부를 향해 칼을 든 것이지, 이극돈 개인을 향한 복수심에서 실록에 기록을 남기려 했던 것이 아닙니다. 나라를 바로 세워야겠다는 일념 때문이었지요.

**만능주의**
무엇이나 다 할 수 있다고 생각하는 입장과 관점을 이릅니다.

**김딴지 변호사** 존경하는 판사님, 지금 피고 측 변호인과 증인은 본 안과 관계없는 사적인 이야기를 장황하게 늘어 놓아, 재판 결과에 영향을 주려 하고 있습니다. 재판과 관련해 핵심적인 내용이 증언되도록 제한해 주시기를 바랍니다.

**판사** 받아들입니다. 피고 측 변호인과 증인은 사건과 관련 없는 개인의 성품 등에 대한 언급은 최대한 자제해 주시기 바랍니다.

**이대로 변호사** 네, 잘 알겠습니다. 그런데 궁금한 것은 증인이 '조의제문'을 사초에 포함시키려 한 것이 문제였다면, 연산군은 증인과 김종직을 처벌하면 되는데 왜 사건이 그처럼 확대되었나요? 앞서 증인 나역사의 말대로 연산군이 애초부터 김종직이나 증인, 그리고 주변 사람들을 부정적으로 생각하고 있다가 의도적으로 확대한 것은 아닐까요? 연산군의 덫에 증인이 걸려든 것은 아닙니까?

**김일손** 솔직히 나는 그런 부분까지는 잘 모르겠습니다. 다만 내가 잡혀간 이후, 줄줄이 희생자가 생기는 것을 보고서 뭔가 일이 잘못 돌아가고 있다는 생각은 했습니다. 유자광이나 이극돈은 평소에도 젊은 대간들의 곧은 행동을 마땅치 않게 생각했고, 연산군도 삼사와 사림의 직언을 부담스러워했지요. 그렇다고 미리 어떤 그림을 그려 놓고 있다가 올가미에 옭아 넣었다고 보기는 힘들 것 같습니다. 지금 생각하면 나 역시 너무 강직하다 보니 조금 과했다는 후회도 없지 않으니까요. 그땐 세상을 몰랐고, 또 너무 젊었다고 할까요.

**부관참시**
죽은 뒤에 중죄가 드러난 사람에게 무거운 형벌을 내리는 일입니다. 무덤에서 죽은 자의 시체를 꺼내 베거나 목을 자르는 것을 말합니다.

함께 희생된 분들에 대해서는 지금도 너무 죄송스럽게 생각합니다. 스승님께도 큰 죄를 지었지요. 그렇다고 나의 행동이 잘못된 것이라고는 지금도 생각지 않습니다.

이대로 변호사　그러면 '조의제문' 발견을 계기로 김종직과 증인 등에 대한 처벌로 끝날 수도 있었던 일이 주위의 사림들에게까지 확대되었다는 뜻인데요. 도대체 왜 그 글이 그처럼 큰 영향력을 가졌던 것일까요?

김일손　그것은 아마도 연산군과 대신들에 대해 부정적인 인식을 갖고 있던 젊은 사림들의 다수가 김종직의 제자였던 것과 연관이 있지 않을까요? 평소에 연산군과 대신들은 거침없이 곧은 말을 하는 젊은 사림들에 대해 지극히 부정적인 생각을 갖고 있었으니까요. 그런데 마침 스승 김종직의 '조의제문'이 발견되자 그것을 계기로 평소 눈엣가시 같던 사림들을 솎아 내려 한 것이겠지요.

이 일로 나를 비롯해 권경유, 김굉필, 권오복, 이목, 허경은 사형을 당했고, 스승 김종직은 이미 세상을 떠났기 때문에 부관참시(剖棺斬屍)를 당했습니다. 그래서 총 7명이 사형을 당한 셈이지요. 나머지는 유배를 가거나 파직되었습니다. 그중 24명 정도가 김종직의 제자였고 나머지는 언관들이거나 역사를 담당했던 사관들로 모두 젊은 사람들이었어요.

이대로 변호사　이상입니다.

판사　그러면 원고 측 변호인, 반대 신문을 해 주십시오.

김딴지 변호사　사실 조선 시대 때 증인과 비슷한 일로 참화를 입어

나는
억울합니다.
이는 모함입니다.
흑흑!
사형을 당할지도
모른다는군.
아이고, 무서워라.
전하께 잘못 보였다간
뼈도 못 추리겠는걸.

**4대 사화**
훈구파와 사림파의 대립으로 사림파가 큰 화를 당한 사건을 말합니다. 무오사화, 갑자사화, 기묘사화, 을사사화를 대표적인 4대 사화라 합니다.

야 했던 사람은 많습니다. 그런데 고작 6명이 처형당한 사건을 두고서 우리는 조선 시대 4대 사화의 하나로, 그것도 첫 번째 사화로 꼽고 있습니다. 이 점에 대해서는 조금 전에 증언했던 증인 신역사도 언급했듯이, 과장되었다는 인상을 지우기 어렵습니다.

**판사** 그럼 원고 측 변호인은 무오사화가 지나치게 확대되었다는 말인가요?

**이대로 변호사** 고작 6명이라고요? 존경하는 판사님, 지금 원고 측 변호인은 무오사화를 연산군의 폭정으로 보지 않기 위해 오히려 문제를 축소하고 있습니다.

**판사** 받아들입니다. 원고 측 변호인은 주관적 평가가 담긴 언어를 삼가 주십시오.

**김딴지 변호사** 네, 알겠습니다. 그렇다면 증인에게 직접 물어보지요. 증인은 '조의제문 필화 사건'이라고 해도 될 일이 굳이 '사화'라고까지 불리게 된 이유를 뭐라고 생각합니까?

**김일손** 그것은 아마도 그 후에 김종직, 김굉필로 이어지는 도학(道學)의 계승자들이 대부분 정신적으로 김종직을 스승으로 모셨기 때문일 겁니다. 결국 당사자의 제자들이다 보니 사건의 무게를 더 크게 느꼈을 테고, 훗날 사림 정치가 본격화되면서 그들이 권력도 잡고 역사의 붓도 쥐다 보니 스승이 당한 화를 실제보다는 더 크게 느꼈을 것입니다. 그러나 규모가 작았다고 해서 사화가 아니라고 할 수는 없겠지요.

**김딴지 변호사** 단도직입적으로 묻겠습니다. 수십 명의 희생자가 나온 다른 3대 사화와 비교할 때 무오사화의 규모는 분명 작지요?

**김일손** …….

**정여립의 난**
조선 중기의 인물로 관직에서 쫓겨나게 되자 정권을 잡으려는 야심으로 대동계(大同契)를 조직하고 모반을 꾸몄으나 탄로가 나자 결국 자살하였지요.

증인은 잠시 침묵한 뒤, 고개를 들어 이대로 변호사를 쳐다봤다.

**이대로 변호사** 증인,. 불리한 증언은 하지 않아도 됩니다.

**김일손** 아닙니다. 역사의 진실을 밝히러 나온 자리인 만큼 양심껏 증언하겠습니다. 크다고는 할 수 없겠지요.

**김딴지 변호사** 존경하는 판사님, 들으신 대로 무오사화는 김종직이 사후에도 희생자가 되었다는 이유로 그 제자들이 세월이 흘러감에 따라 과대평가한 결과 마치 엄청난 비극인 것처럼 과장되었습니다.

실제 사형을 당한 사람은 김종직을 제외한다면 6명에 불과합니다. 요즘 사람의 눈으로 보면 비극이긴 하지만, 사실 왕조 시대에 정치적 사건으로 6명이 죽었다는 것은 흔히 있을 수 있는 미미한 사건이지요. 조선 선조 때, 1,000명이 넘게 죽었다는 정여립의 난을 이야기하면서 과연 우리는 선조를 비난합니까?

**이대로 변호사** 판사님, 지금 원고 측 변호인은 본질에서 벗어난 엉뚱한 비교로 문제를 축소하려 하고 있습니다.

**판사** 인정합니다. 사화라는 것이 단순히 숫자적인 문제는 아닌 것 같습니다.

판사의 말에 김딴지 변호사가 약간 당황하는 기색을 보였다. 김딴지 변호사가 막 변론을 이어가려 하는데 판사가 입을 열었다.

**판사** 원고 측 변호인에게 묻겠습니다. 방금 전 변호인의 말대로라면 이 사건과 관련해서는 이극돈이나 유자광을 비난하면 될 것 같은데, 왜 연산군이 비난받고 거창하게 '사화'라는 이름으로 불리게 된 걸까요?

**김딴지 변호사** 그것은 연산군의 폐위를 정당화하기 위한 반란 세력의 집요한 노력 때문이지요. 그들이 쫓겨난 연산군을 어떻게 다루었는지는 앞에서 살펴본 그대로입니다. 어쩌면 연산군의 정당성이 그만큼 컸기 때문에 반란 세력들은 뭔가 꼬투리가 될 만한 것을 잡아내어 연산군을 부정적으로 덧칠하려 했던 것인지도 모릅니다.

**판사** 일부러 일을 크게 만들기라도 했다는 말인가요?

**김딴지 변호사** 그렇지요. 이처럼 과도하게 연산군을 비난하려는 시도야말로 역설적으로 반란 세력의 행위가 잘못된 것임을 보여 주는 것이 아닐까요? 한 걸음 물러서서 재임 말기의 연산군 행위가 잘못되었다 하더라도 그 부분에 대해서만 사실에 입각해 비난하면 되는 것이지, 시간을 거슬러 미미한 사건조차 마치 엄청난 희생자가 나온 사화인 것처럼 역사를 그릇된 길로 이끌어서는 안 될 것입니다. 이것으로 반대 신문을 마칩니다.

# 2 연산군은 무오사화를 어떻게 활용했을까?

**판사** 그러면 이번에는 원고 측 증인 유자광에 대한 신문을 하도록 하겠습니다. 원고 측 변호인, 신문해 주시지요.

방청석에 있던 유자광이 증인석으로 나오자 일부 방청객들은 유자광을 향해 삿대질을 해댔다.

"저자가 김종직은 부관참시하고, 애꿎은 사림들을 죽음으로 몰아넣은 장본인이란 말이군."

"한국사법정에서 밝힐 진실이라도 있는 모양인데, 어디 한번 들어 보자고."

**김딴지 변호사** 증인, 간략한 자기소개를 부탁드립니다.

**이시애의 난**
지방 호족이던 이시애가 중앙 집권 정책에 반대하여 일으킨 반란입니다.

유자광 최대한 간략하게 해도 조금 길어질 텐데요.

판사 이번 사건과 관련된 것이면 관계없으니 일단 충분히 자기소개를 하세요.

유자광 역시 소문대로 화통하시군요. 나는 1467년(세조 13) 이시애의 난이 일어났을 때 나라를 지키기 위해 자진 출전하여 공을 세웠지요. 이때부터 나라와 임금을 생각하는 마음이 아주 각별해졌습니다. 난이 끝나자 단숨에 정5품 병조 정랑에 올랐지요. 문과에 급제해 봐야 종9품에서 시작하는데, 서른도 되기 전에 병조 정랑이 됐으니 속된 말로 벼락출세한 거나 진배없었지요. 인생 뭐 있습니까? 사나이 목숨 한번 걸고 대박을 낸 겁니다. 하하!

김딴지 변호사 잘 들었습니다. 증인은 세조와는 어떤 사이였나요?

유자광 당시 나에 대한 세조의 총애가 대단했지요. 한번은 세조께서 부르시더니 '온양별시문과(溫陽別試文科)'에 응시하라는 겁니다. 내가 글을 좀 알았지만 솔직히 문과에 급제할 수준은 아니었지요. 그런데 떡하니 장원으로 급제하였지 뭡니까! 그런데 알고 봤더니 세조께서 장차 나를 크게 쓰려고 낙제 판정을 받은 내 답지를 찾아내어 장원으로 뽑아 준 것이었어요. 사간원에서 난리가 난 것은 당연했지요. 출신이 미천한 자에게 요직을 맡길 수 없다는 것이지요. 그러나 세조가 누굽니까? 한다면 하는 인물 아닙니까?

이대로 변호사 존경하는 판사님, 지금 증인은 쓸데없는 자기 자랑을 늘어놓고 있습니다.

판사 기각합니다. 증인은 세조와 성종 때 중요한 역할을 한 사람이기 때문에 이번 사건의 배경을 이해하는 차원에서도 충분히 들어볼 만한 가치가 있다고 봅니다. 다만 증인은 지나치게 자기 자랑으로 치우치지 않도록 유의하시고, 핵심만 추려서 말씀해 주실 것을 부탁드립니다.

유자광은 피고 측 이대로 변호사를 못마땅한 듯 잠시 노려보았다.

**유자광** 역시 훌륭하신 판사님이십니다. 내가 첫눈에 딱 알아봤지요. 이야기를 계속하겠습니다. 가만, 어디까지 했더라? 그렇지. 장원 급제한 이야기까지 했군요. 그런 나에게도 위기가 찾아왔습니다. 장원 급제하던 이듬해인가 세조께서 세상을 떠났습니다. 하늘이 무너져 내리는 것 같았는데, 바로 그 하늘이 나를 버리지 않더군요.

**김딴지 변호사** 무슨 묘안이라도 떠오른 것입니까?

**유자광** 무신 남이의 역모 사건이 내 눈에 딱 포착된 것이지요. 사실 남이 장군은 왕실 사람인 데다가 무예가 출중하고 이시애의 난을 진압할 때 나와 함께 큰 공을 세워 '적개공신 1등'에 책록되어 병조판서에 오른 인물이지요. 사실 나보다 세조께서 더 아꼈던 사람을 한 명 꼽자면 두말없이 남이 장군이었을 겁니다. 그런데 세조의 죽음과 더불어 남이의 세상도 끝난 셈이었지요.

정국을 유심히 살피던 1468년, 나는 세조의 뒤를 이어 왕위에 오른 예종이 호탕한 성격의 남이 장군을 좋아하지 않는 것을 눈치채고는 틈을 노리다가 남이 장군이 말실수를 하기에 잽싸게 밀고를 했지

**새 발의 피**
새의 가느다란 발에서 나오는 피라는 뜻으로, 아주 하찮은 일이나 극히 적은 분량임을 비유적으로 이르는 말입니다.

**봉호**
왕이 친히 내려 준 호입니다.

요. 남이 장군이 역모를 꾸미고 있다고 말입니다. 당시 영의정이던 강순 등을 연루시켜 한 건 제대로 했지요. 이때 죽은 사람만 어림잡아 25명쯤 될 겁니다. 솔직히 무오사화 어쩌고 하지만 새 발의 피 아닙니까? 이 일로 저는 '익대공신 1등'에 올랐고, '무령군'이라는 봉호도 받았습니다. 남이 장군도 부럽지 않은 진짜 공신이 된 겁니다. 게다가 이 일로 말미암아 당시 남이 장군을 탐탁지 않게 보던 정권의 실세 한명회와 신숙주의 눈에 들었지요. 자신들이 제거하고 싶었는데 내가 대신 손에 피를 묻혔으니 얼마나 고마웠겠습니까? 모함으로 한번 재미를 보고 나니, 또 그쪽으로 관심이 쏠리더라고요. 사람이 원래 그런 동물인가 봅니다.

이대로 변호사 증인! 남을 모함해 권력을 차지한 것을 무슨 자랑이라도 되는 양 떠벌리고 있군요. 부끄러운 줄 아셔야죠!

판사 흠……. 듣던 대로 증인도 만만찮은 인물이 아닌 건 확실한 것 같군요. 무오사화와 관련해 김종직과는 어떤 사연이 있었는지 설명해 주시지요.

유자광 이제 김종직과 나의 인연, 아니 악연에 대해 말씀드리지요. 1491년(성종 22), 나는 능력을 인정받아 황해도 관찰사가 되었습니다. 바로 그 직전에 나는 처가가 있는 경상도 함양군으로 여행을 갔지요. 그곳에서 나는 시를 한 수 지어 현판(懸板)을 달았는데, 그 뒤 김종직이 함양 군수로 부임하여 그 현판을 떼어 불태워 버렸다는 말을 들었습니다. 화가 머리끝까지 치솟더군요. 그때부터 내 언젠가는 김종직을 손봐 주리라 했었는데, 살아 있을 때는 못하고 그가 죽은 후에야 '조의제문' 사건이 터져 부관참시했지요.

하지만 돌이켜 보면, 내 삶도 참으로 파란만장했습니다. 결국은 유배를 떠나 충청도, 전라도, 경상도의 삼남지방을 떠돌다가 경상도 어느 산골에서 이승의 삶을 마치고 이 역사공화국으로 오게 되었으니까요. 이승에서의 삶에 후회가 없었는데 여기 와서 보니, 나는 아주 죽일 놈이 되어 있더라고요. 연산군의 명예를 회복하는 일은 나의 명예를 회복하는 일이기도 합니다. 뭐든지 물어보세요. 있는 대로, 아는 대로 전부 다 털어놓겠습니다.

김딴지 변호사　　잘 들었습니다. 오늘은 무오사화에 대한 연산군의 영향 관계를 확인하는 자리이니 증인의 거침없는 증언이 재판에 큰 도움이 되리라 확신합니다. 연산군이 '조의제문'을 보았을 때 첫 반응은 어떠했으며, 사건이 확산되는 과정에서 증인의 역할은 무엇이었는지 정확히 말씀해 주시지요.

유자광　　연산군께서는 '조의제문'을 읽자마자 "이런 쳐 죽일 놈이 있나! 증조부와 아버지 밑에서 온갖 영예를 다 누린 놈이 뭐가 모자라서 세조 대왕을 이렇게 모독할 수가 있단 말이냐? 겉 다르고 속 다르다더니 김종직이 이자야말로 그런 놈이로구나!" 하며 길길이 뛰셨습니다.

김딴지 변호사　　역사책에서는 연산군은 '조의제문'에 담긴 숨은 뜻을 몰랐는데 증인이 그런 쪽으로 해석하도록 유도했다고 나옵니다. 그 점에 대해서는 어떻게 생각하나요?

유자광　그거야말로 전형적인 사실 왜곡입니다. 연산군께서는 한시를 즐겨 쓸 만큼 글에 대한 이해가 뛰어난 분입니다. 그런데 '조의제문' 정도의 글에 담긴 뜻을 읽어 내지 못했겠습니까? 바보만 아니면 다 알 수 있는 수준인데요.

바로 그 점이야말로 훗날 김종직 무리들이 얼마나 악의적으로 연산군과 나를 매도하기 위해 애썼는지를 보여 주는 결정적인 단서이지요. 연산군은 무식하고 포악한 인간으로, 그리고 나, 유자광은 그 옆에서 임금을 그릇된 길로 이끄는 악인으로 그려졌으니 말입니다. 분명히 말하지만 연산군은 임금으로서의 자존심이 강했고, 정서적 감각도 상당히 뛰어났습니다. 오히려 자신을 무시하려는 신하들의 저의를 꿰뚫고 있었다고 봐야 합니다.

김딴지 변호사　구체적인 예가 있나요?

유자광　연산군이 즉위하자 젊은 대간들이 얼마나 설쳤겠습니까? 임금이 중히 여기는 노사신 같은 대신을 아예 '씹어 먹겠다'고 떠드는 대간들까지 있었습니다. 노사신은 정작 그들이 곤경에 처했을 때 나와 입장을 달리하며 끝까지 그들을 구원하려 했던 인물인데도 말입니다. 노사신 그 사람, 나랑 생각은 달랐지만 참 괜찮은 인물입니다.

그리고 한 가지 덧붙이자면 만일 무오사화 때, 연산군이 마음먹고 반대자들을 소탕하려 했다면 희생자가 수십 명은 넘었을 겁니다. 그나마 최대한 관대하게 처리한 것이지요.

김딴지 변호사　잘 들었습니다. 이상입니다.

판사　피고 측 변호인, 반대 신문 하시겠습니까?

**이대로 변호사** 자신의 잘못을 반성하기는커녕 오히려 잘했다고 큰소리치는 증인을 보고 있으니 분노를 넘어 인간에 대한 한없는 연민이 느껴집니다.

이대로 변호사가 자신을 비난했지만, 유자광은 눈도 꿈쩍하지 않은 채 이대로 변호사를 뚫어져라 쳐다보았다.

**이대로 변호사** 증인, 그렇다면 연산군은 애초에 김일손과 김종직 일파만 처벌하려 했는데 증인이 연산군을 꾀어서 사건을 확대했다는 견해에 동의하지 않습니까? 애당초 연산군이 벼르고 있었다는 뜻인가요?

**유자광** 그런 뜻은 아니지요. 4년 동안의 집권 기간 동안 젊은 대간들의 행태는 한마디로 가관이었습니다. 아마도 세조 때였다면 '조의제문' 사건이 없었어도 여러 명이 죽어 나갔을 겁니다. 연산군은 참고 또 참았습니다. 그런데 한 나라의 역사서에까지 왕실을 모독하는 글을 집어넣으려는 처사를 보고서야 자신에 대한 공격으로 받아들인 겁니다. 그것을 보고서 가만히 있는다면 그건 더 이상 국왕이 아니지요. 사전에 무슨 계획이 있었던 것은 아니지만 그때 상황이 임금과 젊은 신하들 간에 깊었던 감정의 골이 터진 것에 불과하지요. 그 골도 임금이 깊게 했다기보다는 신하들이 만든 측면이 많아요. 그러니 사전 계획이니, 그림이 있었느니 하는 것은 애당초 말이 안 됩니다.

**이대로 변호사** 증인, 알겠으니 그만하세요. 이상입니다.

**판사** 원고 측 변호인, 추가로 할 말 없습니까?

**김딴지 변호사** 없습니다.

**판사** 오늘 '박원종의 국가 변란 및 연산군에 대한 명예 훼손' 재판에서는 당시 피해자인 김일손과 가해자인 유자광을 증인으로 불러 무오사화를 둘러싼 사건의 면면을 자세히 들어 보았습니다.

그러면 둘째 날 재판은 이것으로 마치겠습니다.

땅, 땅, 땅!

**다알지 기자**

시청자 여러분, 안녕하세요? 역사공화국 법정 뉴스의 다알지 기자입니다. 둘째 날 재판에서는 단순한 필화 사건으로 끝날 수 있었던 일이 사화로 불거진 이유에 대해 양측의 전혀 다른 견해가 충돌했습니다.

특히 오늘 재판에서는 그동안 역사공화국에서 은거 생활을 하며 전혀 모습을 보이지 않았던 유자광이 등장해 많은 이들의 시선을 끌었습니다. 방청석에서는 삿대질을 하는 사람들도 있었습니다. 그러나 처음에는 능글맞게 웃으며 재판에 임하던 유자광도 재판이 진행될수록 진지한 모습을 보여 방청객의 분노는 빠른 시간 안에 잦아들었습니다.

이제 모든 이들의 눈과 귀는 마지막이 될 셋째 날 재판에 쏠리고 있습니다. 사건의 당사자인 원고 연산군과 피고 박원종이 정면으로 맞붙게 되기 때문입니다. 그럼 지금부터 증인으로 나섰던 김일손과 유자광을 만나 오늘 재판에 대한 소감을 들어 보도록 하겠습니다.

나는 이 재판 자체가 말이 안 된다고 생각합니다. 역사는 이미 수많은 사람들의 검증을 거쳐 연산군을 폭군으로 규정하고 있습니다. 그런데 무슨 바람이 들었는지 연산군이 자신의 명예를 회복한답시고 소송을 제기했다고 하니 그냥 있을 수 있습니까? 정확한 진실을 알려 폭군 연산군의 진면목을 보여 줘야지요. '조의제문' 정도가 사초에 포함되는 것이 그렇게 여러 사람이 죽어 나가야 할 문제입니까? 백 보 양보해서 나와 글을 쓴 당사자인 스승 김종직에 대한 처벌로 끝나면 누가 뭐라 하겠습니까? 그런데 연산군은 억지로 사건을 확대시켜 나라를 위해 열심히 일하는 여섯 명의 젊은 목숨을 빼앗고 수십 명을 유배 보냈습니다. 이미 그때부터 폭군의 씨앗을 보인 것이지요. 누가 뭐래도 연산군, 그 자는 폭군 중의 폭군입니다.

유자광

연산군을 생각하면 가슴이 먹먹합니다. 그렇게 불행하게 된 데는 나 같은 사람의 책임도 크지요. 마지막에 목숨을 걸고 직언을 했더라면 그 꼴은 당하지 않았을 텐데요. 사실 연산군은 상처가 많은 사람입니다. 아버지의 사랑도 못 받았지요, 어머니는 비극적으로 죽었지요, 언제 쫓겨날지 모르는 세자 자리를 지키느라고 얼마나 노심초사했을까요? 연산군이 개인적인 불행을 참아 가면서 부국강병을 위해 동분서주하던 모습이 지금도 눈에 선합니다. 신하들이 제 세상처럼 설쳐 대니 그 간격을 좀 줄여 보려고 애쓰면 신하들은 죽기 살기로 달려들었습니다.

그런 점에서 나는 이번 재판 소식을 듣고 참으로 기뻤습니다. 보세요, 연산군은 여러분이 알고 있는 그런 꼴통에 악인이 아닙니다. 백성을 생각하고 나라의 장래를 늘 고민했던 괜찮은 임금이기도 했습니다.

# 연산군과 두 차례 사화

조선의 왕 중 가장 폭군이었다고 손가락질 받는 연산군. 두 차례의 사화를 일으키고 폭력적인 행동을 일삼아 사람들을 공포 속에 몰아넣었지요. 연산군과 관련된 사화를 알아보며 그의 행적을 짐작해 볼까요?

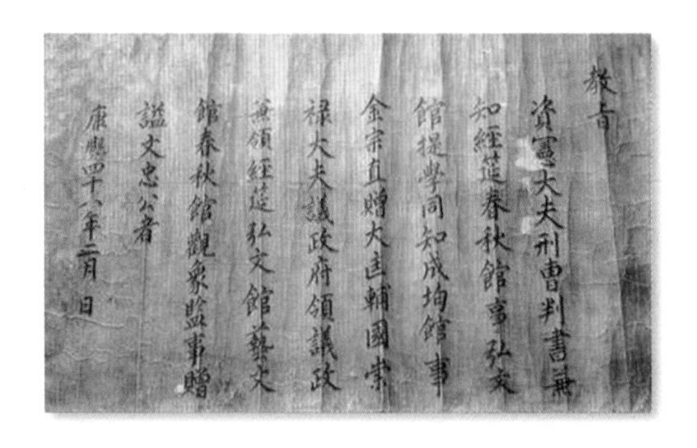
教旨
資憲大夫刑曹判書兼
知經筵春秋館事弘文
館提學同知成均館事
金宗直贈大匡輔國崇
祿大夫議政府領議政
兼領經筵弘文館藝文
館春秋館觀象監事贈
謚文忠公者
康熙四十八年二月 日

## 조선 시대 첫 사화, 무오사화

훈구파와 사림파가 대립하고 있던 1498년인 연산군 4년에 일어난 무오사화. 『성종실록』을 편찬하자 실록청에 있던 훈구파 이극돈이 사림파 김일손이 사초에 삽입한 김종직의 '조의제문'을 꼬투리 잡은 것이 사건의 시작이었어요. 김종직의 조의제문이 세조가 단종으로부터 왕위를 빼앗은 일을 비방한 것이라고 연산군에게 고해바쳤기 때문이지요. 이에 화가 난 연산군은 사림파 김일손, 권오복 등을 죽이고, 김종직의 제자들을 귀양 보냅니다. 그뿐만 아니라 이미 죽은 김종직의 관을 파헤쳐 그 시체의 목을 베었지요.

사진 속 유물은 다시 사림파가 권력을 잡게 되면서 명예를 되찾게 된 김종직에게 내려진 교지예요. 여기서 교지란 조선 시대에 임금이 4품 이상의 벼슬아치에게 주던 인사에 관한 명령을 말해요.

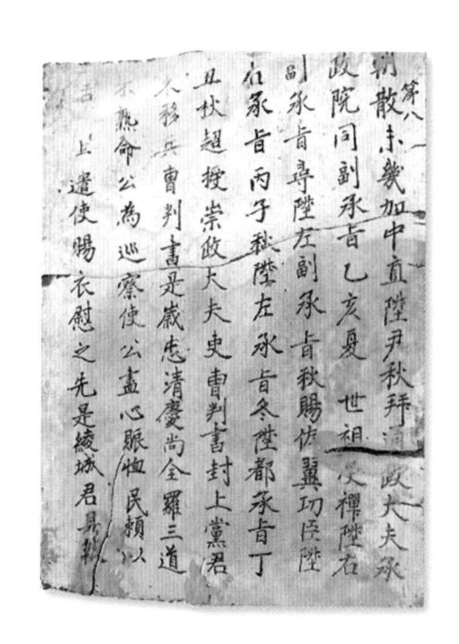
朝散未幾加中直陞尹秋拜通政大夫承
政院同副承旨乙亥夏 世祖受禪陞右
副承旨尋陞左副承旨秋賜佐翼功臣陞
右承旨丙子秋陞左承旨冬陞都承旨丁
丑秋超授崇政大夫吏曹判書封上黨君
入移兵曹判書是歲忠清慶尚全羅三道
不熟命公爲巡察使公盡心賑恤民賴以
上遣使賜衣慰之先是綾城君具致

연산군 어머니와 관련된 갑자사화

1504년인 연산군 10년에 일어난 사화가 바로 갑자사화예요. 연산군의 생모였던 폐비 윤씨는 연산군이 왕위에 오르기 전에 폐비가 되고 목숨을 잃었는데, 이를 알게 된 연산군이 어머니에 대한 복수를 하면서 많은 사람이 고난을 겪게 됩니다. 윤필상, 이극균, 김굉필 등을 극형에 처하고, 이미 죽은 한명회, 정여창 등을 부관참시하였지요. 부관참시란 무덤을 파고 관을 꺼내어 시체를 베거나 목을 잘라 거리에 내걸었던 극형을 말해요. 이 사화에서 부관참시를 당한 사람 가운데는 이후에 명예를 원래대로 되찾은 이들도 있지요.
사진 속 유물은 중종의 명으로 묻어 설치된 분청사기 지석이에요. 한명회의 신원이 원래대로 되찾아지면서 만들어진 것이랍니다.

재판 셋째 날

# 연산군은 어떻게 폐위되었을까?

1. 갑자사화는 어떻게 일어났을까?

2. 거사는 정당한 것이었나?

교과 연계

역사

Ⅴ. 조선의 성립과 발전

2. 사림 정치와 성리학 질서의 확립

(1) 사림 세력의 성장

# 1 갑자사화는 어떻게 일어났을까?

판사 자, 지금부터 '박원종의 국가 변란 및 연산군에 대한 명예 훼손' 소송에 관한 마지막 날 재판을 시작하겠습니다. 오늘은 집권 후기 연산군의 통치 행태를 살필 수 있는 결정적인 사건인 '갑자사화(甲子士禍)'와 연산군 말년의 광란 문제를 살펴보겠습니다. 이 문제는 아무래도 피고 측에서 왜 거사(중종반정)를 결심하게 되었는지를 살피는 것이기 때문에 피고 측부터 발언을 해 주시기 바랍니다. 피고 박원종은 앞으로 나와 주세요.

건장한 체구에 굳게 다문 입술이 다부져 보이는 박원종이 증인석에 서서 선서를 했다.

"드디어 피고 박원종이 등장하는 거야? 이거 정말 기대되는데."

"연산군도 참았던 분풀이라도 할 작정인지 표정이 심상치 않아."

**음보**
가문이나 조상의 덕으로 벼슬자리를 얻는 것을 말합니다.

**판사** 먼저 피고는 자기소개를 하시지요.

**박원종** 나는 집안이 명문가라 음보를 통해 무관직에 나왔습니다. 1486년(성종 17)에 무과에 급제했고, 능력을 인정받아 동부승지로 발탁되었지요. 연산군 때는 승지와 평안도 절도사, 중추부 동지사 등을 두루 거쳐 도총관을 지냈습니다.

**이대로 변호사** 피고는 평소 불의를 보면 참지 못하는 성품이었다고 하던데요.

**박원종** 무관들이 대부분 그렇듯 나도 그런 편이었지요.

**이대로 변호사** 피고는 연산군의 총애를 받았던 측근 신하였는데 어떻게 해서 반정을 주도하게 되었습니까?

**박원종** 나는 사실 정치는 잘 모릅니다. 다만 연산군이 아껴 주었기 때문에 아주 가까이에서 그를 살필 수 있었지요. 그런데 1504년부터 시작된 연산군의 악행은 정치를 잘 모르는 내가 보기에도 그냥 두고 볼 수 없는 정도였습니다.

**이대로 변호사** 몇 가지 사례를 언급해 주시고, 언제부터 연산군을 몰아내야겠다고 생각했는지도 말씀해 주시지요.

**박원종** 연산군을 폐위시켜야겠다는 생각은 거사 직전에 한 것입니다. 무슨 치밀한 계획을 일찍부터 갖고 있었던 것은 아니고요. 사실 나는 왕실과 이런저런 인연이 깊어 처음에는 연산군을 보호하려

**정업원**
여승들이 불도를 닦는 절로, 단종 비 정순 왕후 송씨가 영월에서 단종이 죽음을 당하자 이곳에서 평생 그의 명복을 빌었다고 합니다.

**음행**
음란한 짓이나 행실을 하는 것을 말하지요.

**천부당만부당**
어림없이 사리에 맞지 아니하다는 말입니다.

했지요. 그런데 어느 시점쯤엔가 연산군을 그냥 두었다가는 조정 신하들이 모두 죽어 나가겠다는 판단이 들어 거사를 결심하게 되었습니다.

이대로 변호사 피고는 왜 그런 생각을 하게 되셨죠?

박원종 당시 연산군의 악행은 일일이 열거하기도 힘들 정도였습니다. 연산군은 무오사화로 삼사의 기를 꺾었다고 판단한 후부터 점점 이상한 행동을 보이기 시작했어요. 그나마 초반에는 왕권을 강화하는 차원에서 봐줄 만한 것들도 있었지요. 하지만 날이 갈수록 폭정이 심해졌어요. 한번은 백성과 거리를 둔다는 명분으로 궁궐 주변의 민가를 대대적으로 철거했어요. 많을 때는 한 해에 200여 채가 철거되기도 했지요. 또 곳곳에 사냥터를 만들고 매를 관리하는 응방을 설치해 그곳에 소속된 군인이 1만 명에 이르렀습니다.

이대로 변호사 백성들이 사는 민가를 함부로 철거하고, 군인도 함부로 썼다는 말이지요?

박원종 그뿐만이 아닙니다. 정업원의 여승을 범하는 것을 시작으로 온갖 종류의 음행을 일삼았습니다. 그것은 너무 민망하여 이런 자리에서 일일이 열거하기 곤란할 정도입니다.

이대로 변호사 그런데 첫째 날 재판에서 원고 연산군은 자신이 폭군이 아니라며 딱 잡아떼던데, 그 말이 맞는 말인가요?

박원종 피고석에 앉아서 연산군이 하는 말을 듣고 있자니 나도 울화통이 터졌습니다. 폭군이 아니라니요? 천부당만부당한 말이지요. 무오사화는 어찌 보면 연산군과 대신들이 손을 잡고서 일부 젊은 대간들을 공격했다고 볼 수 있어요. 일종의 경고였다고 할까요. 그러나 1504년(연산군 10)에 일어난 갑자사화는 사정이 전혀 다릅니다. 연산군 한 명이 대신과 대간 모두를 공격하는 형세였지요. 아무리 신하들이 못됐다고 한들 어찌 모두가 나쁜 신하이겠습니까? 심지어 영의정을 비롯한 삼정승까지 믿지 못하고 수시로 협박하고 국문을 하곤 했으니까요. 역사를 다시 보는 것도 좋고, 뒤집어 보는 것도 좋지만 사실을 왜곡해서는 안 됩니다.

**국문**
임금의 명령으로 나라에서 중죄인에게 고문을 가하는 것입니다.

이대로 변호사 만일 피고가 그 시대로 돌아간다고 해도 또다시 반정을 일으키겠습니까?

박원종 물론입니다. 광해군의 경우, '그가 과연 왕위에서 내몰려야 할 정도의 인물이었는가'라는 질문에는 다른 대답이 나올 수 있다고 봅니다만, 연산군은 그렇지 않습니다. 세상에 그런 폭군이 어디 있습니까? 제정신이 아니었어요. 나는 다시 그때로 돌아간다 해도 의롭게 반정을 일으킬 것입니다.

이대로 변호사 폭군 연산군의 모습이라 할 만한 또 다른 예를 들어주시겠습니까?

박원종 오래전 일이라 정확히 기억은 안 나지만 생각나는 대로 몇 가지 말씀드리겠습니다. 그는 자신을 위해 최선을 다했던 환관 김처선이 직언을 한다는 이유로 무참하게 살해했습니다. 김처선은 연산군에게 부모나 다름없는 사람이었는데도 말이지요.

또 하루는 사냥을 나갔을 때 영의정 성준이 앉아 있는 자세가 무

무엄하도다!
감히 누구 앞이라고
버릇없이
앉아 있느냐?
이런, 앉지도
서지도 못하겠군.
내가 언제
시 한 수 읊으라고 했지,
두 수를 읊으라고
했느냐?
저는 좋아하실 줄 알고
한 수 더 지은 것입니다.

례하다고 큰 소리로 무안을 주는가 하면, 시 한 수 지어 보라는 말에 정성을 다해 두 수를 읊은 신하에게는 그가 튀려 했다는 명목으로 고문을 가했습니다. 강원도 관찰사 김선이라는 인물은 임금에게 올리는 장계에 자기 이름을 너무 크게 썼다는 이유로 파직되었고, 천식 때문에 기침을 하다가 죄를 입은 사람들도 있었지요.

이대로 변호사 직접 목격한 장면 중에 폭군으로서의 면모가 가장 잘 드러난 사건은 무엇입니까?

박원종은 지난 시간을 떠올리는 듯, 천장을 바라보며 한참 동안 말이 없다가 다시 진술을 시작했다.

박원종 그날이지요. 1504년(연산군 10) 3월 20일 밤입니다. 갑자기 연산군은 안양군 이항과 봉안군 이봉의 목에 칼을 씌워 옥에 가두라고 명을 내렸습니다. 이어 숙직 승지에게 의금부 당직청에 가서 이항과 이봉을 장 80대씩 때려 먼 곳으로 유배를 보내라고 명했습니다. 그랬다가 갑자기 무슨 생각이 들었는지 다시 그들을 끌고 오라고 했습니다.

이대로 변호사 왜 그랬을까요?

박원종 연산군은 비슷한 시각, 자신의 서모인 성종의 후궁 엄씨와 정씨를 대궐 뜰에 결박해 놓았습니다. 자기 어머니 윤씨를 죽게 만든 장본인이라고 믿고 있던 두 사람이었지요. 연산군은 자신이 직접 엄씨와 정씨를 마구 두들겨 패고 짓밟다가 이항과 이봉을 부르더

군요. 이들은 각각 엄씨와 정씨의 아들이었습니다. 밤이 깊어 누구인지 분간하기 힘들었는데 연산군은 이항과 이봉에게 몽둥이를 쥐어 주면서 죄인들을 마구 패라고 명했습니다. 그때 이항은 누군지 모르고 겁에 질려 몽둥이질을 해 댔고, 이봉은 자신의 어머니일 것으로 짐작하여 손을 대지 않았습니다. 이에 결국 연산군은 다른 사람을 시켜 엄씨와 정씨를 마구 때려죽였습니다. 그때 나는 연산군을 보며 '과연 사람인가' 하는 생각이 들었습니다. 본격적인 거사 결심까지는 아니어도 연산군에 대한 충성의 마음을 거둔 것은 그날 밤이었다고 해도 과언이 아닙니다.

**이대로 변호사** 그렇다면 연산군은 자신의 어머니를 그렇게 만든 아버지 성종에 대해서는 어떻게 했습니까?

**박원종** 연산군은 어머니에 대해서는 각별한 그리움을 안고 있으면서도, 어머니를 죽게 만든 아버지에 대해서는 엄청난 분노를 갖고 있었습니다. 연산군은 성종이 붕어한 직후 성종이 길렀던 사슴을 활로 쏘아 구워 먹었고, 걸핏하면 아버지의 영정을 손으로 치는가 하면, 성종이 세운 제도는 모두 폐지하였습니다. 그래서 홍문관도 없애 버렸지요. 심지어는 성종을 위해 제사를 지내는 사람이 있으면 찾아내어 처벌하기도 했습니다.

이런 난행은 갑자사화 이후 더욱 심해졌습니다. 성종의 기일에 사냥을 하는가 하면 영정에다 활을 쏘기까지 했습니다. 아버지의 묘를 당시로는 드물게 강 건너 홍수가 자주 나는 곳에 쓴 것도 그런 분노가 일찍부터 숨어 있었던 것이 아닌가 생각합니다.

**이대로 변호사** 저런…… 정말 듣기만 해도 무시무시하군요. 피고는 연산군이 폭군이었다고 지금도 확신합니까?

**박원종** 네. 두말할 필요도 없이 확신합니다.

**이대로 변호사** 이상으로 피고에 대한 신문을 마치겠습니다.

피고 박원종이 연산군의 나쁜 행실을 낱낱이 고발하자, 이를 듣고 있던 방청객들과 배심원들이 혀를 내둘렀다.

**붕어**
임금이 세상을 떠난 것을 말합니다.

**영정**
제사나 장례를 지낼 때 위패 대신 쓰는, 사람의 얼굴을 그린 족자를 말합니다.

**야사**
백성들 사이에서 사사로이 기록한 역사를 말합니다.

"이거야 원, 천하의 불효 자식이었군!"

"그러게. 도저히 믿을 수 없을 정도군그래."

이를 듣고 있던 김딴지 변호사가 자리를 박차며 일어났다.

**판사** 원고 측 변호인, 반대 신문 하시겠습니까?

**김딴지 변호사** 예. 피고에게 묻겠습니다. 피고와 연산군은 인척 관계이지요?

**박원종** 네, 그렇습니다. 누님이 성종의 친형님 월산 대군의 부인입니다. 연산군의 큰어머니가 바로 내 누님이지요.

**김딴지 변호사** 일부 야사 같은 데서 연산군이 큰어머니를 임신시키자 수치심을 못 이겨 자살을 했다는 말이 있던데요.

**박원종** 나를 깎아내리기 위해 그런 이야기가 있는 것으로 알고 있어요. 누님은 우리가 거사를 일으키기 두 달 전에 병으로 돌아가셨습니다. 어려서 연산군은 누님 댁에서 컸지요. 연산군의 어머니가 비극적인 생을 마쳤기 때문에 누님은 유달리 연산군을 사랑해 주셨습니다. 그 점을 연산군도 잊지 않았어요. 적어도 그 마음은 순수한 것이라고 봅니다. 연산군이 참으로 많은 여성에게 몹쓸 짓을 한 것은 맞지만, 자신을 진심으로 아껴 준 우리 누님에게까지 그런 짓을 할 사람은 아닙니다.

**김딴지 변호사** 결국 그 말은 사실이 아니라는 말씀이네요. 그렇다면 그 밖의 다른 추문들도 실상과 다른 경우가 많겠네요?

박원종　그 부분에 대해서는 내가 달리 드릴 말씀이 없습니다. 『연산군일기』는 내가 직접 편찬에 참여한 것이 아니라서 실록에 뭐가 어떻게 기록돼 있는지는 나도 잘 알지 못합니다. 내 생각에도 조금은 과장이 있지 않았을까 하고 추측만 해 볼 뿐입니다.

김딴지 변호사　알겠습니다. 조금 전 말씀하신 대로 피고는 연산군과 참으로 각별한 관계에 있었습니다. 다른 사람은 몰라도 피고는 자신이 말한 대로 연산군이 파행으로 치달을 때 목숨을 걸고서라도 막았어야 합니다. 직언을 하다가 혀가 뽑히는 고통까지 당한 환관 김처선도 끝까지 연산군을 위했습니다. 그것이야말로 진정한 충성이지요.

박원종　나는 다만…….

김딴지 변호사　피고는 제 말을 끝까지 들어 보십시오. 존경하는 판사님! 연산군은 그 어떤 임금보다 정당성을 소중히 여기는 임금이었습니다. 날 때부터 임금이 될 사람으로 그렇게 교육을 받고 성장했으니까요. 이런 경우 자칫하면 과신으로 말미암아 일탈할 가능성이 높은 것 또한 사실입니다. 양녕 대군이 바로 대표적인 사례이지요. 저는 피고가 연산군을 비난하기 전에 스스로 신하로서의 도리를 다했는지 묻고 싶습니다. 저는 피고야말로 다른 사람과 달리 싫든 좋든 연산군과 정치적 운명을 같이했어야 할 사람이라고 생각하는데, 본인은 어떻게 생각하십니까?

박원종　부분적으로는 그 말씀에 동의합니다. 나도 이 자리에 나온 것이 유쾌하지만은 않습니다. 그러나 정상적인 상황과 달리 비상

시국은 처세의 방법도 달라야 한다고 봅니다. 이미 그때는 나 한 사람이 나선다고 연산군의 폭행이 가라앉을 때가 아니었습니다. 지금 와서야 말하기 쉽지만 그 당시 사람들은 나만 쳐다보고 있었습니다. 제발 지옥 같은 상황에서 자신들을 구해 달라고 말이지요.

백성이 있고 나서 신하가 있고, 신하가 있고 나서 임금도 있는 것입니다. 아무리 왕조 국가라 하더라도 백성과 신하를 생각지 않는 임금을 끝까지 모신다는 것은 불가능한 것입니다. 갑자사화가 일어난 게 1504년입니다. 우리가 거사를 일으킨 해는 1506년입니다. 2년 동안 참았으면 많이 참은 것 아닌가요? 그리고 나는 권력을 잡기 위해 거사를 한 것이 아닙니다. 그 점은 거사 이후 나를 비롯한 나의 동지 성희안과 유순정이 보여 준 행로에서도 확인할 수 있을 겁니다.

우리가 권력에 관심이 있었다면 박씨 왕조나 성씨 왕조를 세우려 했겠죠. 그러나 우리는 최대한 빨리 연산군의 이복동생인 진성 대군을 추대하여 임금 자리에 올렸습니다. 그가 곧 중종이었지요. 최악을 피하기 위해 차선을 선택했을 뿐이었습니다.

**김딴지 변호사** 아까 피고는 다시 그런 상황이 온다면 또 거사를 하겠다고 분명히 말했습니다. 그것은 김처선만큼의 충성심이 없다는 뜻으로 받아들여도 되겠지요?

**박원종** 대답할 필요성을 못 느낍니다.

박원종은 김딴지 변호사의 신문에 마음이 상한 듯 씩씩거렸다.

**김딴지 변호사** 알겠습니다. 이상 신문을 마치겠습니다.

**판사** 수고하셨습니다. 자, 이번에는 원고 연산군에 대한 신문을 시작하겠습니다. 연산군은 앞으로 나와 주세요.

지금껏 박원종의 말을 듣고 있던 연산군은 '이제야 기회가 왔다'는 생각으로 성큼성큼 법정 중앙으로 걸어 나왔다. 그러자 방청객들은 조금이라도 가까이서 연산군의 얼굴을 보려고 서로 고개를 내밀며 난리였다.

"저리 비켜 봐. 나도 얼굴 한 번 보자고."

"나도 나도!"

판사 원고는 자기소개를 해 주시지요.

연산군 난 조선 제10대 임금 연산군이다.

판사 원고, 이곳은 신성한 법정입니다. 경어를 사용해 주십시오.

연산군 내가 곧 법이요, 법정이다. 경어를 강요하면 난 지금이라도 고소를 취하하고 나가겠다.

원고 측 변호인이 연산군에게 다가가서 한참 귓속말을 나눈 뒤, 다시 판사에게 뭔가를 이야기하자 판사가 고개를 끄덕였다.

판사 원칙적으로 경어를 거부한다면 소송을 중단하는 게 맞지만 한국사법정은 역사의 진실을 가리는 자리이기 때문에 진실의 발견을 위해 조금 융통성을 발휘하도록 하겠습니다. 원고 측 변호인의 중재를 받아들여 '~하겠소'체로 원고가 답하는 것으로 신문을 이어가도록 하겠습니다. 피고 측 변호인도 동의하셨습니다. 자, 원고 측 변호인, 신문을 계속해 주시죠.

김딴지 변호사 원고는 지난 두 차례의 재판과 오늘 재판을 통해 본인이 어떤 평가를 받고 있는지 똑똑히 보셨을 겁니다. 우선 갑자사화라고 불리는 사건이 왜 생기게 됐는지, 아니 왜 그 사건을 그토록 크게 만들었는지 본인의 해명을 듣고 싶습니다.

연산군　그거야 간단한 것 아니겠소. 임금은 강한 임금이 되려 하고 신하들은 왕권을 견제하려 하고……. 왕권을 강화하려는 데 하도 반대를 하니 김일손 사건도 터지고, 홍귀달 사건도 터지고. 그런데 '사화'라는 게 뭐요? 뭐 그런 말이 있어? 신하들이 잘못하여 처벌받은 것을 뭐 거창하게 '사화'라고 부르고들 난리인지……. 그것부터 틀려먹은 거야.

판사　원고, 타협안을 지켜 반말은 삼가 주십시오.

연산군　알았소. 아까 김딴지 변호사가 뭘 말해 달랬지? 아, 갑자사환가 뭔가. 그게 뭐 그리 복잡하겠소? 간단하게 정리하면, 임금한테 대들던 놈들이 나한테 혼쭐난 거지. 2년 동안 죽어 나간 사람이 한 100명쯤 될 테고, 200명쯤은 유배를 가거나 관직에서 쫓겨나거나 그랬지.

그런데 솔직히 말하면 그 사람들이 조금 불쌍하기도 하단 말이지. 사실 내 표적은 우리 아버지 성종 임금이었지. 그런데 죽은 아버지한테 내가 뭘 어떡하겠소. 그러면 아버지 밑에서 부귀영화를 누리던 자들이 정말로 반성하고 나를 진심으로 받들어야 하는 것 아닌가? 그래도 봐줄까 말까 한데 조금만 부드럽게 하면 곧장 기어오르고. 감히 임금한테 '죄인의 자식' 운운해 가면서 협박이나 하려 들고. 임금 눈치를 봐야 할 것들이 대신들 눈치나 살피고 있으니, 그게 다 우리 아버지인 성종이 신하들을 잘못 다스려서 그렇게 된 거요. 제대로 직언 하나 할 줄 모르고. 아까 보니까 우리 변호사님 말씀 잘하시던데, 명색이 대신이고 대간이라면서 환관 김처선만 한 기개도 없는 자들뿐이었소. 그런 자들이랑 내가 어떻게 제대로 된 정치를 할 수 있었겠소. 몇 년 동안 그들과 힘겹게 싸웠는데 그만 화가 납디다. 그래서 확 쓸어버린 거지.

**김딴지 변호사** 원고의 분노는 충분히 이해합니다. 그러나 그럴수록 분노를 삭히고, 차분하게 말씀하셔서 당시의 진실을 밝혀 주셔야 합니다. 우선은 제가 묻는 질문에 하나하나 답해 주시기 바랍니다. 갑자사화의 발단은 흔히들 말하는 이세좌의 술잔 사건 때문입니까? 아니면 홍귀달 손녀의 입궐 거부 사건 때문입니까?

**연산군** 내 입장에서는 그게 그건데, 어쨌거나 둘 다 임금을 능멸하는 일이었소이다. 그때가 갑자사화가 일어나기 전해인 1503년 9월쯤이었소. 예조 판서 이세좌가 인정전에서 열린 양로연에서 내가 준 술잔을 엎질러 어의를 적시는 패악을 저질렀소.

내가 아직 서른도 안 된 어린 임금이라고 무시하고서 일부러 그런 짓을 한 거지. 살은 피둥피둥 찐 인간이 말이야. 그래도 난 많이 참고서 그냥 파직만 시켰소. 다른 분야도 아닌 예조를 맡고 있는 판서라는 작자가 그런 무례를 범해서는 안 되지 않겠소? 임금 앞에서는 조심하고 또 조심하는 것이 예의인데 말이지.

**김딴지 변호사** 그것이 사건의 발단이 되었나요?

**연산군** 그런데 내가 정말로 화가 난 것은 그다음부터였소. 내가 불쌍하게 죽은 내 어머니를 위해 제사를 지내겠다고 할 때는 법도에 맞니, 안 맞니 하면서 시비를 걸어 대던 대간들이 이세좌의 무엄한 행태에 대해서는 입을 딱 다물고 있더란 말이오. 뻔하지, 이세좌

의 아들 이수정이 그때 홍문관에 있었거든. 대간들은 이수정의 눈치를 보느라고 벙어리처럼 입을 다문 거였소. 그러니 나로서는 화가 나는 것이 당연한 일 아니겠소. 말해야 할 것은 말하지 않고, 말하지 말아야 할 것은 죽고 살기로 말을 하니. 이거야, 나라가 어찌 돌아가려고…….

**김딴지 변호사** 대신들이 왕이 아니라 오히려 홍문관 대간의 눈치를 본다는 말입니까?

**연산군** 그런데 그게 어제 오늘의 일이 아니었다는 게 큰 문제였

**붕당**
조선 시대에 서로 뜻을 같이하는 무리들이 모인 집단을 말합니다.

**계략**
어떤 일을 이루기 위한 꾀나 수단을 말하지요.

소. 무오사화가 뭐요? 지난번에 보니 잘들 이야기하던데, 내가 삼사의 대간들에게 겁을 좀 준 거요. 그러면 정신 차려야 하는 것 아닌가? 그런데 그자들이 어떻게 했소? 온 조정이 떼를 지어 처음에는 내 편을 들어주던 대신들까지도 나한테 대들었지. 기가 찰 노릇이지. 그래도 내가 참고 또 참아 이세좌를 유배 보내고, 세 아들은 파직하는 정도에서 마무리를 했소. 이세좌도 함경도로 가서 고생은 했지만 4개월 만에 풀어 주었소. 이 정도 되면 상황의 심각성을 알아차려야 하는 것 아닌가?

김딴지 변호사　그런데도 정신을 차리지 못했다는 말인가요?

연산군　당시 조정의 풍속은 이미 임금을 임금으로 여기지 않기로 작정한 모양이었소. 그래서 나도 오기가 솟더군. 좋아, 갈 데까지 가 보자. 난 임금인데 싶더군. 그러던 차에 1504년 3월 11일, 문제의 사건이 터졌소. 참봉 홍언국의 딸이 예쁘다고 소문이 나서 얼굴이나 한번 보려고 입궐을 명했더니 글쎄, 감히 나의 명령을 이행하지 않은 거야. 알아보니 홍언국의 아버지 홍귀달이라는 자 때문이었소. 그자는 내 총애를 받으며 경기도 관찰사로 나가 있던 사람인데 손녀가 아파서 왕명을 따르지 못한 것이라고 해명을 하더라고. 당장 국문하라고 했지. 그런데 이번에도 대간들이 꿀 먹은 벙어리야. 가만 보니 이것들이 대간을 거쳐 재상이 되다 보니 서로 붕당을 맺어 임금을 고립시키려는 계략이었던 거야. 붕당이 생기면 나라는 망하는 것이지. 불경스러움이 온 나라를 지배하고 있었소. 임금으로서 나라를 망하게 내버려 둘 순 없었지. 나는 뿌리를 뽑아 버리기로 결심했소. 백 명이 죽건 천 명이 죽건 이번에 뿌리를 뽑지 않으면 결국 나라가 망할 테니까.

**사친**
왕위를 이어받은 임금의 친부모를 일컫는 말입니다.

연산군의 설명을 듣고 있던 이대로 변호사가 조용히 손을 들더니 판사의 허락을 받고 말을 시작했다.

이대로 변호사 물론 저도 원고의 왕권 강화 노력은 평가할 만하다고 생각합니다. 그런 점에서 이세좌 사건이나 홍귀달 손녀 사건은 나름대로 이유가 있다고 봅니다. 그러나 문제가 되는 것은 그 직후부터 어머니 폐비 윤씨 문제와 연결되면서 사건은 걷잡을 수 없이 확대됐고, 결국 이 문제 때문에 사적인 복수심이 공적인 왕권 강화의 문제를 흐린 것은 아닐까 하는 생각이 듭니다.

연산군 그건 그렇지가 않소. 물론 사정을 모르는 사람들이 보면 홍귀달 손녀 사건이 터진 뒤, 9일 후에 내가 어머니의 문제를 제기했으니 그런 오해를 살 만도 하오. 그러나 난 이미 즉위하기 전부터 어머니 문제의 실상을 다 알고 있었소. 내가 바랐던 것은 거기에 관계한 자들 중 단 한 명이라도 먼저 나에게 와서 잘못을 빌었어야 한다는 것이야. 난 꾸준히 어머니 문제를 조정에 던져 놓았지. 즉위 6년째 되던 해에는 어머니의 사당 효사묘에 내관 대신 조정 관원으로 하여금 제사를 지내게 했소. 그게 무슨 뜻이냐구? 사친(私親)을 국모(國母)의 자리로 올리겠다는 뜻이었지.

김딴지 변호사 원고가 임금이니 어머니가 국모의 자리에 오르는 것은 당연한 이치이지요.

연산군 아암! 그쯤 되면 실토했어야지. 그런데 그때 대신들은 전부 외면했소. 그래서 나는 그들에게 경고를 했소. "다른 개가 어미를 물자 강아지가 그 개에게 덤벼들었는데, 그냥 그런 것인지 정이 있어서 그런 것인지 모르겠다"고 말이오. 이쯤 말했으면 귀머거리라도 알아들었을 거요. 그런 일들이 쌓여 이제 사적인 문제가 아니라 공적인 문제로 확대되었던 거지. 10년을 지켜봤으면 나도 많이 참은 것 아니오. 자꾸 내가 잘못했다고 그러는데 신하들의 잘못은 없었는지는 왜 지적하지 않소이까?

김딴지 변호사 그래서 원고는 진실을 파헤치고자 칼을 뽑아 든 것이었군요.

연산군 그렇소. 내가 3월 25일, 폐비 윤씨 사건의 전말을 자세히 조사하라고 명을 내렸소. 하도 신하들이 모르쇠로 일관하니 어쩔 수 없는 조치였지. 그때 대간들이 뭐라 답했는지 아시오? 그 말 많은 대간들이 하나같이 "이미 10여 년 전의 일이어서 지금 밝히기가 어렵다"는 것이었소. 100년 전, 아니 200년 전 일도 끄집어내어 나에게 이래라저래라 하던 자들이 10여 년 전의 일이라 밝히기 어렵다고 하니 기가 찰 노릇이었소. 그래서 나는 판단했지. 뭔가 그때까지도 내가 모르는 많은 신하들이 그 사건에 개입된 것이라고. 그런데 내 추측이 딱 들어맞았던 거요.

김딴지 변호사 원고, 잠시만요. 그런데 왜 이세좌와 홍귀달이 이

사건과 연루된 것이었죠?

연산군 ▶승정원에서 이를 소상히 조사해 보고한 관련자 명단에 이세좌와 홍귀달의 이름이 딱 들어 있더군. 이세좌는 어머니를 사사할 때 사용한 사약을 들고 간 장본인이고, 홍귀달도 그때 어명을 받들었던 승지였던 게요. 하늘의 계시였던 거지. 이세좌가 그냥 술잔을 쏟지 않았고, 홍귀달도 그냥 어명을 어긴 것이 아니었던 거였소.

자, 그 판에 내 눈에 보이는 것이 뭐가 있었겠소? 피가

교과서에는

▶ 조선은 언론 기능을 담당하는 삼사 외에 국가의 큰 죄인을 다스리는 의금부, 왕명을 출납하는 비서 기관인 승정원, 서울의 행정과 치안을 담당하는 한성부와 역사서 편찬을 담당하는 춘추관 등을 두었습니다.

거꾸로 치솟더군. 겉으로는 온갖 좋은 소리를 다 해대면서 뒤로 그들이 한 짓이란…….

이대로 변호사가 원고 연산군에게 신문할 것을 요청했다. 판사가 이를 허락하자, 이 변호사는 빠른 걸음으로 판사석으로 다가가 문서를 건넸다.

**이대로 변호사** 그래서 원고는 그 많은 대신들을 죽였습니까? 판사님, 제가 드린 이 자료를 봐 주십시오.

**판사** 증인으로 나온 신역사라는 인물이 정리한 자료에 따르면, 그때 정확히 100명이 죽고, 22명이 부관참시를 당했고, 106명이 유배를 갔던 것으로 나와 있군요.

"아이고, 무서워라. 200명도 넘는 사람이 화를 입었군."

방청객들도 놀란 듯 수군거렸다.

**연산군** 흠! 하지만 나로서는 사실 그것으로도 원한이 다 풀리지 않았소. 당신들도 생각해 보구료. 어미가 사약을 받고 생과 작별했는데, 원통하지 않겠소이까! 그러나 어쩌겠소, 그쯤에서 그만둬야지. 산 사람은 또 살아야 하니까.

**이대로 변호사** 그렇다면 원고는 그때부터라도 정치를 올바로 했어야지요!

**연산군** 들어 보시오. 그런데 모두 숨을 죽이고 내 눈치만 보니까 되려 정치가 갑자기 우스워지는 거요. 모두 내 앞에서 벌벌 떨더군. 더 이상 나를 가로막을 자가 없었소. 그러자 모든 게 허무해지더군.

**이대로 변호사** 원고의 진술을 듣고 있으니 할 말이 없습니다. 아무리 국왕이라 하더라도 사람의 생명은 백성이나 임금이나 똑같이 소중한 것입니다. 그런데 원고의 발언 속에서는 이런 생각을 조금도 찾아볼 수 없군요. 원고에게 하나만 묻겠습니다. 원고는 그때 미쳤었나요?

**연산군** 감히 누구보고 미쳤다고 하는가? 지금까지 내가 한 이야기를 다 듣고서도 미쳤다고 하는가?

**판사** 원고, 조용히 해 주세요. 차분하게 답변해 주시기 바랍니다.

**연산군** 알겠소. 이보시오, 변호사 양반. 난 정말 멋진 임금이 되고 싶었소. 그런데 애당초 아버지한테 물려받기를 망조가 든 나라를 물려받았소. 신하들은 설쳐 대고 온 나라에 사치 풍습이 판을 치고, 어머니는 비극적으로 돌아가시고. 내 이런 사정을 진심으로 안다면 신하들이 좀 협조했어야 하는 것 아닌가? 그런데 그들은 협조하지 않았고, 그래서 내가 그들을 죽인 것뿐이오. 그런데 뭐가 잘못됐다는 거요?

**이대로 변호사** 원고는 한국사법정에 와서도 자신의 죄를 조금도 뉘우치지 못하고 있군요. 안타깝습니다. 이상입니다.

## 2 거사는 정당한 것이었나?

**판사** 자, 이제 끝으로 거사 과정에 대한 이야기를 듣도록 하겠습니다. 추상적으로 거사의 정당성을 이야기하는 것 못지않게 실제 거사 과정이 어떠했는지를 따지는 것이 그 정당성을 살피는 데도 분명 도움이 될 것이기 때문입니다. 이번에는 피고 박원종에 대한 원고 측 변호인의 신문을 통해 거사 과정을 짚어 보도록 하겠습니다. 피고는 다시 앞으로 나와 주세요. 자, 원고 측 변호인 신문하세요.

**김딴지 변호사** 피고가 거사를 결심한 것은 정확히 언제쯤인가요?

**박원종** 연산군 10년 중반 즈음, 갑자사화로 임금의 폭정이 극에 달하면서 거사의 필요성을 느끼는 사람들이 하나둘 늘어갔습니다. 그러나 연산군은 워낙 정통성이 있는 국왕인 데다가 쉽게 굽히지 않는 성격이라 기회를 잡지 못하고 다들 속으로만 끙끙 앓으며 시간을

보냈지요.

사실 갑자사화만 하더라도 신하들에게 그 피해가 국한되어 자칫하다가는 일반 백성의 지지를 얻지 못할까 봐 많이 두렵기도 했습니다. 백성이 궁궐의 이야기를 어찌 알겠습니까? 그런데 점차 폭정이 심각해지고 일반 백성까지 피해를 당하면서 급속하게 여론이 조성되었어요.

그때부터 나는 성희안, 유순정 등과 만나 대략적인 계획을 짜는 데는 합의했습니다. 그런데 정작 사람들이 없었어요. 뜻이 있는 사람들이 갑자사화 때 워낙 많이 죽어 버렸기 때문이지요. 그나마 거사 직후 연산군의 측근인 임사홍과 신수근, 신수염 등을 베고 나니

**폐주**
왕위에서 쫓겨난 임금을 뜻합니다.

**안치**
먼 곳에 보내 다른 곳으로 옮기지 못하게 주거를 제한하던 일 또는 그런 형벌을 말하지요.

사람들이 구름같이 모여들었습니다. 분노가 그만큼 쌓여 있었던 것인데 발화점을 찾지 못하고 있었던 것이지요.

김딴지 변호사 거사 당일에는 어땠나요?

박원종 1506년 9월 1일, 바로 그날이었습니다. 모든 것이 사전에 계획한 대로 착착 진행됐어요. 그날 저녁 동대문 근처 훈련원에 반정군을 집결시켰고, 얼마 후 연산군의 이복동생 진성 대군에게 반정의 경위와 추대 의사를 밝혔지요. 그리고 밤 12시를 전후하여 창덕궁을 포위했어요. 궁궐 수비 병사들은 우리가 나타나자 기다렸다는 듯이 길을 터 주었습니다. 밤 사이에 세상이 바뀐 것이죠. 다음 날 오후 진성 대군이 경복궁 근정전에서 즉위함으로써 조선 최초의 반정은 깨끗하게 성공을 거두게 되었습니다.

김딴지 변호사 연산군은 폐위된 뒤 어떻게 됐습니까?

박원종 원래 계획에 따라 폐주 연산군은 강화도 교동으로 유배되었습니다. 왕비 신씨도 사가로 나갔으며, 세자 이황과 왕자들도 각각 다른 지역에 안치되었습니다. 그리고 두 달 후 연산군은 역질(천연두)에 걸려 세상을 떠났지요.

김딴지 변호사 아직 젊은 나이인데 역질에 걸렸다는 게 믿기지 않습니다. 자객을 보내 죽인 것은 아닌가요?

박원종 결단코 그런 일은 없었습니다. 워낙 여론이 좋지 않았기 때문에 그의 복위를 위해 싸워 줄 사람은 이미 세상에 없었습니다. 그런 폐주를 왜 우리가 죽여서 화를 자초하겠습니까? 오히려 그렇

나라와 백성을 위해
임금은 자리에서
물러나 주시지요.
이놈들, 감히
나를 몰아내다니.
용서할 수 없다!

게 죽는 바람에 당황했던 쪽은 우리였습니다.

김딴지 변호사　그랬나요? 믿기 힘든데요. 그럼 세자 이황은 어떻게 된 겁니까?

박원종　그게 좀……. 폐세자 이황과 창녕 대군 등 연산군이 낳은 아들들은 장차 또 다른 화를 불러올 수 있는 불씨로 여겨 거사 직후 독약을 내려 스스로 죽게 했습니다. 잔인하지만 그게 현실 아니겠습니까?

김딴지 변호사　연산군의 씨를 말리겠다는 계획이 사전에 있었던 것이겠지요.

박원종　…….

김딴지 변호사　흠……, 연산군과 그의 아들들까지, 그 최후가 씁쓸하군요. 이상입니다.

판사　자, 피고 측 변호인, 추가로 질문할 게 있습니까?

이대로 변호사　없습니다.

판사　그럼 지금까지 '박원종의 국가 변란 및 연산군에 대한 명예훼손' 소송에 관한 세 번째 재판을 진행하였습니다. 이번 재판에서는 무오사화에 이어 갑자사화가 어떻게 일어났으며, 이후 박원종 일파가 일으킨 거사가 과연 정당한 것이었는지에 대해 알아보았습니다. 잠시 후에 마지막으로 원고와 피고의 최후 진술을 듣도록 하겠습니다. 그럼 세 번째 재판을 모두 마치겠습니다.

땅, 땅, 땅!

다알지 기자

시청자 여러분, 안녕하세요? 역사공화국 법정 뉴스의 다알지 기자입니다. 연산군 대 박원종의 마지막 재판에서는 이번 재판의 당사자인 원고 연산군과 피고 박원종이 직접 나와 숨 막히는 공방전을 벌였습니다. 오늘 연산군은 자신의 심정을 허심탄회하게 밝힌 반면, 박원종은 반정의 불가피성을 역설하는 데 주력하였습니다. 그러나 두 차례에 걸친 증인 신문 때와 달리 연산군도 자신의 행위 전체를 변호하기보다는 대체로 자신의 악행은 인정하면서도 왜 자신이 그럴 수밖에 없었던지를 설명해 사전에 예상했던 것보다는 큰 충돌이 없었습니다. 박원종 또한 과거 신하였던 인연 때문인지 과도하게 연산군을 몰아세우는 모습은 보여 주지 않았다는 평가입니다.

그럼 지금부터 원고 연산군과 피고 박원종을 만나 오늘 재판에 대한 소감을 들어 보도록 하겠습니다.

연산군

사실 이번 재판에 큰 기대를 걸지는 않았소. 다만 실록에 기록된 상당수의 내용들이 과장되고, 또 내 업적이 될 만한 것들은 하나같이 부정적으로 묘사된 것을 조금이라도 바로잡을 수 있을까 해서 소송을 제기했던 것이오. 난 임금이 되었을 때 무엇보다 어미의 억울한 죽음을 밝혀 제자리를 찾게 해 주고 싶었고, 아버지 성종은 실패하였지만 난 왕권 강화로 제대로 정치를 펼치고 싶었소. 결과적으로 나 역시 신하들의 권력을 제압하지 못한 셈이 되었지만.

그러나 내 솔직한 생각을 법정에서 충분히 털어놓았으니 좋은 결과가 있겠지요. 기분도 별론데 인터뷰 그만합시다.

박원종

무거운 마음입니다. 신하 된 자가 자신이 모시던 임금을 내몰았으니 뭐가 그리 좋은 일이겠습니까? 하지만 광해군이 후대에 재평가되는 것을 빌미로 폭군이던 연산군이 명군으로 뒤바뀌는 일이 있어서는 안 될 것입니다. 내가 이번 재판에 임하는 자세는 바로 그런 것이었습니다. 연산군 개인에 대한 감정은 전혀 없습니다. 그러나 그가 재위 말기에 보여 준 일이 또다시 반복된다면 나는 또 반정을 일으킬 수밖에 없습니다. 다만 연산군이라는 인물에 대해 깊은 연민의 정을 갖고 있다는 점은 분명하게 말씀드리겠습니다.

최후 진술

## 왕권을 강화하고자 했을 뿐이오 VS 조선의 발전을 위해 거사를 일으킨 것이오

판사 그러면 마지막으로 원고와 피고의 최후 진술을 들어 보도록 하겠습니다. 판사인 저를 비롯한 배심원단이 최종 결정을 내리는 데 중요한 영향을 끼치는 진술이니만큼 신중하게 발언해 주시기 바랍니다. 먼저 원고 연산군의 진술부터 듣도록 하겠습니다.

연산군 아무리 나, 연산군이 말년의 실정으로 인해 쫓겨났다고는 하지만 10년 이상 조선의 주인으로서 나라를 다스렸던 왕이 이 자리에 선 것은 쉽지 않은 결정이었소. 어쨌거나 내가 많은 사람들 앞에 500년 만에 모습을 드러낸 것만으로도 전혀 의미 없는 일은 아니라고 보오. 그동안은 내가 마치 존재하지도 않았던 것처럼 경쟁적으로 나를 매도하다가 막상 나를 눈으로 보고 나면 쉽게 욕하기는 힘들지 않겠소. 또 역사를 기록하는 사람들도 설명되지 않는 부분이 나오면 그냥 모든 게 연산군 탓이라고 하면서 자신들의 무능을 가릴 수 있었는데 내가 이리 등장했으니 앞으로는 조심해서 서술해야 할 거요.

**반면교사**
사람이나 사물 따위의 부정적인 면에서 얻는 깨달음이나 가르침을 주는 대상을 이르는 말입니다.

내가 무슨 성군이었다거나 명군이었다는 것을 밝히려고 이 재판을 시작한 것은 아니오. 또 신하들에 의해 쫓겨난 사람이 무슨 명예가 있다고 명예를 회복하려 하겠소. 그러나 이것 한 가지만은 분명히 해 두고 싶어 이번에 소송을 내게 된 것이오.

물론 나는 방법을 잘못 택해 폐위되는 수모를 겪었지만, 강한 왕권은 모든 나라의 필수적인 기초라오. 신하나 백성은 자신들의 주장을 내세우기에 앞서 나라를 먼저 생각해야 할 것이오. 그것이 있고 나서 신하도 있고 백성도 있는 법이니 말이오.

반면교사(反面教師)라고 하지요. 여러분은 나를 반면교사로 삼아 올바른 방법으로 왕권을 강화하고 나라를 튼튼히 하는 길에 대해 고민하고 또 고민해 주시오.

끝으로 박원종에게 한마디 하겠소. 원종이, 너무 자책하지 마시오. 나 이제 당신에 대한 원망이나 미움도 다 버렸소. 이승의 애증을 이곳까지 갖고 와서 무엇하겠소. 이번 재판이 끝나고 나면 내 은거지를 한번 찾아오시오. 내 막걸리 한잔 부어 주리다. 이상으로 내 진술을 마치겠소.

판사 잘 들었습니다. 그럼, 이번에는 피고 박원종의 진술을 듣겠습니다.

박원종 막상 이런 자리에 서고 보니 만감이 교차합니다. 500년 만

**군약신강**
임금의 권한이 신하보다 약하고, 실제의 권력이 신하에게 있는 것을 말합니다.

에 연산군을 보니 저 또한 착잡한 마음이 듭니다. 인생은 무엇이고, 또 권력은 무엇인지 그저 무상할 따름입니다. 그렇다고 내가 거사를 한 후에 무슨 큰 영화를 누린 것도 아니고.

그러나 이런 개인적인 감회를 뒤로하고 한 가지만 분명히 해 두고자 합니다. 우리의 작은 선택 하나하나가 모여 큰 역사의 강물을 이룹니다. 때로는 개인의 작은 실수 하나가 오히려 역사 발전의 큰 원동력이 되기도 하고, 작은 성취로 말미암아 역사가 퇴보하는 촉발제가 되기도 하지요. 우리 인간이 역사 앞에서 겸손해야 하는 이유도 그 때문일 것입니다. 연산군이 말한 것처럼 우리의 선의에서 시작된 거사가 크게 보면 조선의 역사에 긍정적인 영향을 미쳤다고 보기도 어렵습니다. 사실 조선 역사는 한명회가 주도한 세조의 거사를 기점으로 해서 쇠퇴의 길을 걸었다고 볼 수 있습니다. 우리도 어쩔 수 없이 연산군을 내몰았지만 이후 조선의 역사는 군약신강이 체질화된 힘없는 나라의 길을 걸어야 했습니다. 중종을 보세요. 세조와 달리 거사 과정에서 이렇다 할 역할을 못하고 공신들에게 떠밀리다시피 해서 왕위에 올랐기 때문에 40년 가까이 집권을 하고도 이렇다 할 치적 하나 남기지 못했습니다. 그 후 역사는 여러분이 아시는 대로 고난과 굴욕의 역사였지요.

참 어려운 일입니다. 나는 연산군을 내쫓은 행위 자체에 대해서는 조금도 후회가 없습니다. 그러나 이후 역사의 전개 과정을 보노라면 내 행위가 반드시 바람직한 것이었는지 반성을 하게 됩니다.

아무쪼록 연산군도 이곳 역사공화국에서는 평안한 삶을 살아가시길 기원합니다. 말씀하신 대로 언제 시간이 나는 대로 한번 찾아뵙도록 하겠습니다.

**판사** 지금까지 세 차례에 걸쳐 원고와 피고, 그리고 관련 증인들의 진술과 변호인들의 신문을 잘 들었습니다. 이번 재판에 함께해 주신 배심원의 평결서는 4주 후 재판부에 전달될 예정입니다. 배심원의 평결 결과는 공개되지 않으며, 판사의 판결은 배심원의 판단에 구속되지 않습니다. 저는 배심원의 평결문을 참고하여 판결을 내린 뒤 판결문을 공개토록 하겠습니다. 그때까지 여러분도 이번 사건의 내용과 의미를 골고루 살핀 다음, 각자의 판결을 내려 보시기 바랍니다.

땅, 땅, 땅!

역사공화국 한국사법정 재판 번호 28 연산군 vs 박원종

## 주문

역사공화국 한국사법정은 연산군이 박원종을 상대로 한 '박원종의 국가 변란 및 연산군에 대한 명예 훼손'에 의한 정신적 손해 배상 및 정식 사과 청구를 기각한다.

## 판결 이유

재판부는 세 차례에 걸친 재판을 통해 원고 연산군에 대해 교과서나 역사책에 단편적으로 서술된 것과는 다른 주장을 다수 접할 수 있었다. 또 연산군을 일방적으로 매도해 온 기존의 입장과 달리, 한 번쯤은 연산군의 입장에서 전체적인 사건과 인물들을 하나하나 검토해 볼 시간을 가졌던 것도 뜻깊었다고 생각한다.

이번 재판 과정에서 재판부가 깊이 염두에 두었던 것은 연산군의 정신병 여부였다. 만일 그가 어머니 문제 등으로 말미암아 심한 정신적 질환을 앓게 되었고, 그것이 말년의 포악한 정치로 연결되었다면 최종 판결에 긍정적으로 작용할 수 있을 것으로 보았기 때문이다.

그러나 신하들에 대한 신뢰의 위기에 빠지기는 했어도 분명 연산군의 정신 상태는 왕위에서 쫓겨나는 순간까지 정상을 유지했다는 것이

본 재판부의 판단이다.

그렇다면 결국 연산군의 모든 악행은 그가 정상적인 상태에서 의도를 갖고서 저질렀던 행위로 봐야 한다. 충신과 간신을 제대로 분간하지 못한 문제는 그의 왕으로서의 자질과 관련돼 있다고 봐야 한다. 상당수 정상적인 지도자들도 늘 충신과 간신을 명확하게 구분해 가며 리더십을 발휘하는 것은 아니기 때문이다.

또 한 가지, 역사 서술이 일부 왜곡될 여지가 있기는 하지만 겉으로 명백하게 드러난 그의 악행만 보더라도 연산군을 폭군의 범주에서 제외시킬 만한 결정적인 단서들을 원고나 원고 측 변호인은 제출하지 못했다. 주로 해석의 문제를 두고서 좀 다른 시각을 제기했을 뿐이다. 물론 학술 활동에서는 그런 해석이 얼마든지 가능하다고 본다.

이곳은 비록 영혼들이 재판을 벌이는 법정이기는 해도 분명 역사 현실을 다루는 법정이다. 상식적 판단으로 최대한 원고 측의 이야기를 들어 보았지만 기존의 견해, 즉 연산군은 폭군이라는 견해를 바꿀 만한 결정적인 증거나 주장은 없었던 것으로 판단된다.

이에 연산군은 역사공화국에서 앞으로도 당분간은 자숙하는 태도로 자신이 지은 죄를 반성하며 조용히 살 것을 권고한다.

역사공화국 한국사법정 담당 판사 정역사

에필로그

# "내가 저질렀던 폭정이 후회스럽기도 하다네"

"어찌 되셨습니까?"

재판을 끝내고 광해군의 집을 찾아온 연산군을 향해 광해군이 궁금증을 참을 수 없다는 표정으로 물었다.

"흠…… 죄를 반성하며 조용히 살라더군."

"소송을 괜히 했나 봅니다. 제가 쓸데없이 부추겨서……. 죄송스럽습니다."

"아닐세. 그동안은 내가 이승에서 했던 일에 대해 곰곰이 생각해 본 적이 없었는데, 이번에 재판을 하면서 많은 것을 돌아보게 되었네. 처음으로 '만일 내가 신하였다면 어떤 선택을 했을까' 하는 고민까지 했으니 말이지."

"천하의 연산군이 그런 고민까지 하시다니요. 정말 많은 생각을

하신 듯합니다."

"사람이 무엇이겠나? 적어도 해서는 안 될 짓과 반드시 해야 할 일은 구분할 줄 알아야 사람이라 하지 않겠나? 돌이켜 생각해 보니 내가 좀 너무했던 면들이 많아. 어머니 문제도 그렇고, 신하들의 반대도 내가 슬기롭게 헤쳐 나갔어야 했는데……. 여기 와서 다른 임금들을 만나 보니 나만 그랬던 것도 아니더군. 그들도 나처럼 하나같이 마음고생을 많이 했더군. 그때 내가 나이가 열 살만 많았어도 좀 더 임금 노릇을 잘했을 텐데 하는 후회가 남는군. 그땐 내가 너무 젊었어."

"정말 그렇게 생각하세요? 그러면 이 재판이 해가 된 것만은 아닌 것 같은데요?"

"그런 셈이지. 다만 나에 대한 왜곡된 진실에 대해서는 그다지 새롭게 알려진 것이 없어 조금은 아쉬운 마음이 남는군."

"좀 더 시간이 흘러야 하는 것 아닐까요? 제가 볼 때는 그 문제도 일단 이승에서 조금씩 나아질 거라고 생각해요. 재판에 증인으로 나왔던 증인들도 할바마마 편을 들었잖아요. 이제는 너무 숨어 지내지만 말고 대문 밖으로 나와서 억울하게 임금 자리에서 쫓겨난 사람끼리라도 어울리면서 지내세요. 정종도 있고, 단종도 있고. 나가세요! 오늘은 이 손자가 술 한잔 올리겠습니다."

"알겠네. 그동안 도와 줘서 고맙네."

광해군의 집을 나설 때 연산군의 어깨에는 광해군의 팔이 올라와 있었다. '허, 이놈이?' 싶었지만 연산군은 그러는 광해군이 싫지 않았다.

# 연산군의 유배지, 강화군 교동

연산군, 광해군, 안평 대군(세종의 셋째 아들), 임해군(선조의 첫째 서자), 능창 대군(인조의 동생), 숭선군(인조의 다섯째 아들), 익평군(철종의 사촌)의 공통점은 무엇일까요? 앞에 열거한 인물들은 모두 조선 시대의 인물로 '왕족'이었습니다. 그리고 유배를 당했던 사람입니다. 그것도 같은 장소에 말이죠. 이들이 유배를 당했던, 조선 시대 왕족의 유배지로 유명한 그곳은 바로 강화군 교동입니다.

강화도의 창후리 선착장에서 배를 타고 조금만 가면 교동도라는 작은 섬에 닿습니다. 이곳이 바로 강화군 교동이지요. 교동도는 면적 46.9km², 인구 3,600여 명이 살아가는 작은 섬으로, 이곳에서 연산군은 두 달의 유배 생활을 하다가 병으로 죽어 갑니다.

교동도에 가면 '연산군 적거지' 또는 '연산군 유배지'라고 적힌 비석을 볼 수 있습니다. 이곳이 연산군이 중종반정으로 왕위에서 물러나 유배를 당했던 곳이지요. 사실 『조선왕조실록』에는 "연산군을 왕자의 신분으로 강등시켜 강화도 교동에 안치하도록 한다"는 내용만 있을 뿐 교동 어느 곳이라는 기록은 나오지 않습니다. 더군다나 연산군은 이곳으로 유배 온 뒤 약 두 달 후에 사망하였기 때문에 교동 어느 곳인지 정확하게 알려져 있지 않습니다. 그래서 현재는 교동면의 신골(봉

소리), 연산골(고구리), 읍내리 세 곳으로 추정하고 있을 뿐입니다. 당시 연산군 유배지의 분위기가 어떠했는지는 심순경, 최한홍 등이 연산군을 교동에 안치하고 와서 전하는 말에서 알 수 있습니다.

"지나는 늙은이나 아이들이 모두 분주하게 앞서거니 뒤서거니 하며 다투어 손가락질하며 상쾌히 여기는 듯……. 안치한 곳에 이르니 유배된 죄인이 거처하는 집의 둘레에 가시로 울타리를 친 것이 좁아 해를 볼 수 없고, 다만 조그마한 문 하나 있어 겨우 반찬거리를 통하고 말을 전할 뿐……."

이처럼 연산군 유배지는 사람이 살기 힘들었던 곳으로 보입니다. 때문에 지금도 연산군 유배지로 짐작되는 곳에는 스산한 기운이 감돌지요.

**찾아가기** 인천광역시 강화군 교동면

연산군 유배지 가는 길 팻말

연산군 유배지 비석

『역사공화국 한국사법정 28 왜 연산군은 폭군이 되었을까?』와 관련한 논술 문제를 풀어 봅시다.

※ 다음 제시문을 읽고 물음에 답하시오.

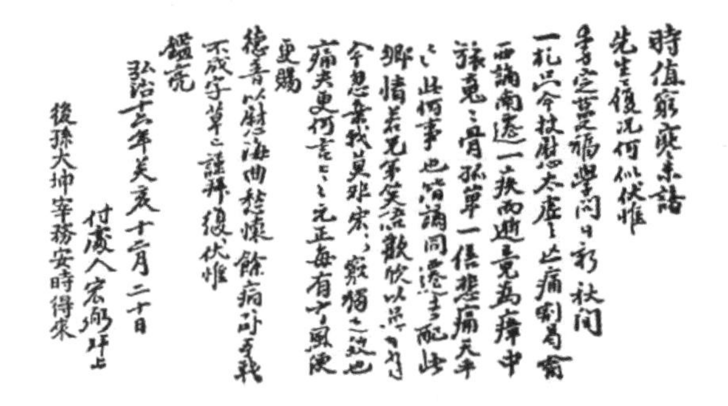

무오사화 때 유배를 당하고 갑자사화 때 사형을 당한 김굉필의 필적

(가) 비판적인 언론 기관인 삼사, 즉 사헌부, 사간원, 홍문관의 위상이 크게 높아진 것은 성종 때의 일입니다. 성종 이후 왕이 된 연산군은 왕권을 강화하기 위해서는 왕의 일에 딴지를 거는 삼사가 못마땅했습니다. 삼사의 행동은 윗사람을 능멸하는 '능상'이라고 생각하였기 때문이지요. 그래서 무오사화를 일으켜, 6명을 사형, 31명을 유배, 15명을 파직이나 좌천시킵니다. 이 일로 삼사는 움츠러들게 되지요.

(나) 무오사화를 계기로 왕의 권력이 커지자 왕은 권력을 과도하게 사용하였습니다. 놀이와 사냥에 빠져 국가 경제를 파탄에 이르게 하였지요. 그래서 무오사화 이듬해부터는 국가 재정의 나가는 돈이 들어오는 돈을 넘어서게 되었습니다.

1. (가)와 (나)는 연산군과 관련된 내용입니다. 이를 보고 연산군이 잘못을 고칠 수 있도록 상소문을 쓰시오.

※ 다음 제시문을 읽고 물음에 답하시오.

(가) 연산군 10년인 1504년에 연산군의 잘못을 지적하는 한글로 쓰인 글이 발견되자, 연산군은 매우 화가 나서 글을 쓴 사람을 고발하면 상금과 벼슬을 주겠다고 약속합니다. 그리고 연산군은 "앞으로는 언문을 가르치지도 배우지도 말고, 배운 자는 쓰지 못하게 하라"는 명령을 내려 백성들의 원망을 사게 되지요.

(나) 연산군은 1504년에 자신의 생모인 폐비 윤씨가 성종의 후궁인 정씨·엄씨의 모함으로 내쫓겨 죽었다고 해서 자기 손으로 두 후궁을 죽여 산야에 버리는 포악한 성정을 드러냅니다. 또한 이 일과 관련이 있다고 여겨 할머니인 인수대비를 구타하여 죽게 하지요.

(다) 연산군은 전국에 벼슬아치를 파견해서 미녀와 좋은 말을 구해 오게 하고, 성균관의 학생들을 몰아내고 그곳을 놀이터로 삼았습니다. 이렇게 연산군은 놀이와 향락에 빠져 살며 백성들의 삶을 등한시하였지요.

2. (가)~(다)는 연산군이 저지른 여러 만행들 중 일부에 대한 것입니다. (가)~(다) 중 가장 옳지 않다고 생각하는 일을 쓰시오.

**해답 1** 전하, 왕으로서 강력한 왕권을 확립하시고 또한 그 권리를 행사하심은 마땅한 일이옵니다. 하지만 삼사를 제압해 확보한 왕권을 경제를 발전시키거나 백성을 편안하게 하는 데 사용하지 않는 것은 외람된 말씀이오나 옳지 못한 일이라 판단되옵니다. 왕으로서 민심을 살피시길 충언드립니다.

**해답 2** (가)는 연산군이 자신의 잘못을 지적한 글을 썼다고 해서 한글을 쓰지 못하게 하였다는 내용이고, (나)는 자신의 생모를 죽게 한 데 관련이 있다고 하여 아버지의 후궁들과 할머니까지 죽였다는 내용입니다. 그리고 (다)는 놀이와 향락에 빠져 백성들을 돌보지 않았다는 내용이지요. 이 중 가장 옳지 않다고 생각되는 일은 (다)입니다. 물론 (가)와 (나)도 아주 옳지 못한 행동이지만, (다)와 같은 행동은 한 나라를 이끄는 왕으로서 그 본분을 다하지 못함으로써 가장 많은 사람들이 직접적으로 피해를 보기 때문에 더더욱 옳지 못한 일이지요. 왕이 백성들을 돌보지 않고 국고를 물 쓰듯 한다면 결국 백성들은 굶어 죽을 수밖에 없기 마련입니다.

* 해답은 예시로 제시된 내용입니다.

# 찾아보기

역사공화국 한국사법정 28
왜 연산군은 폭군이 되었을까?



초　판 1쇄 발행일 2011년 3월 28일
개정판 1쇄 발행일 2014년 10월 30일
개정판 5쇄 발행일 2021년 7월 23일

지은이　이한우
그린이　김경찬
펴낸이　정은영

펴낸곳　(주)자음과모음
출판등록　2001년 11월 28일 제2001-000259호
주소　04047 서울시 마포구 양화로6길 49
전화　편집부 (02) 324-2347 경영지원부 (02) 325-6047
팩스　편집부 (02) 324-2348 경영지원부 (02) 2648-1311
이메일　jamoteen@jamobook.com

ISBN 978-89-544-2328-1 (44910)

# 과학공화국 법정시리즈 (전 50권)

## 생활 속에서 배우는 기상천외한 수학 · 과학 교과서!
## 수학과 과학을 법정에 세워 '원리'를 밝혀낸다!

이 책은 과학공화국에서 일어나는 사건들과 사건을 다루는 법정 공판을 통해 청소년들에게 과학의 재미에 흠뻑 빠져들게 할 수 있는 기회를 제공한다. 우리 생활 속에서 일어날 만한 우스꽝스럽고도 호기심을 자극하는 사건들을 통하여 청소년들이 자연스럽게 과학의 원리를 깨달으면서 동시에 학습에 대한 흥미를 가질 수 있도록 구성하였다.

- 물리법정 1 물리의 기초
- 물리법정 2 물리와 생활
- 물리법정 3 빛과 전기
- 물리법정 4 소리와 파동
- 물리법정 5 여러 가지 힘
- 물리법정 6 운동의 법칙
- 물리법정 7 일과 에너지
- 물리법정 8 유체의 법칙
- 물리법정 9 현대물리학과 양자론
- 물리법정 10 상대성 이론

- 화학법정 1 화학의 기초
- 화학법정 2 물질의 구성
- 화학법정 3 물질의 성질
- 화학법정 4 화학반응
- 화학법정 5 화학과 생활
- 화학법정 6 신기한 금속
- 화학법정 7 여러가지 화합물
- 화학법정 8 물질의 변화
- 화학법정 9 음식과 화학
- 화학법정 10 우리 주변의 화학

- 생물법정 1 생물의 기초
- 생물법정 2 동물
- 생물법정 3 곤충
- 생물법정 4 인체
- 생물법정 5 식물
- 생물법정 6 자극과 반응
- 생물법정 7 유전과 진화
- 생물법정 8 신기한 생물
- 생물법정 9 해양생물
- 생물법정 10 미생물과 생명과학

- 지구법정 1 지구과학의 기초
- 지구법정 2 천문
- 지구법정 3 날씨
- 지구법정 4 지표의 변화
- 지구법정 5 지질시대
- 지구법정 6 남극과 북극
- 지구법정 7 화석과 공룡
- 지구법정 8 별과 우주
- 지구법정 9 바다 이야기
- 지구법정 10 이상기후

- 수학법정 1 수학의 기초
- 수학법정 2 수와 연산
- 수학법정 3 도형
- 수학법정 4 비와 비율
- 수학법정 5 확률과 통계
- 수학법정 6 여러 가지 방정식
- 수학법정 7 여러가지 부등식
- 수학법정 8 여러가지 수열
- 수학법정 9 수학퍼즐
- 수학법정 10 수학의 논리